Planeación de Ventas y Operaciones para PYMES

Cómo implementar un método de Planeación de Ventas y Operaciones en una PYME

Eduardo Cárdenas Avendaño

Planeación de Ventas y Operaciones para PYMES
Eduardo Cárdenas Avendaño

Diseño de la cubierta: Equipo de diseño de Universo de Letras
Imagen de cubierta: ©Shutterstock.com

Obra publicada por el sello Universo de Letras
www.universodeletras.com

Primera edición: 2024

ISBN: 9788419774491
ISBN eBook: 9788419776754

*Para mi amada esposa, Gaby, compañera
incansable en esta aventura literaria.*

*A mis hijos, Cael e Ivana, impulsores de la
determinación necesaria para realizar este sueño.*

Gracias por ser mi inspiración.

INTRODUCCIÓN

Entre el éxito afuera y el caos adentro: El juego de echarse culpas

Hace unos años, una empresa de alimentos comenzó a experimentar un crecimiento importante en sus ventas, estas crecían año a año, pasó de pequeña a mediana y de mediana a grande aceleradamente. Los clientes estaban muy contentos con sus productos y la empresa contaba con un notable **éxito comercial**, tanto local como regionalmente, ya que había expandido el negocio con sucursales en varias ciudades. Ese éxito también trajo consigo un gran problema: la empresa comenzó a tener dificultades para mantener su inventario bajo control y suficiente liquidez en su tesorería.

En la empresa creían que la mejor manera de brindar un excelente servicio al cliente era tener grandes cantidades de productos en su inventario. Había sido una idea de tener mucho para vender mucho. Se pensaba que, si se tenía un alto nivel de inventario, nunca faltaría producto para satisfacer la demanda. Sin embargo, este enfoque trajo consigo **problemas graves**.

Los **almacenes** estaban saturados y en el área a cargo del almacén tenían dificultades para localizar los productos. Además, surtían los pedidos incompletos o los entregaban fuera de tiempo, lo que molestaba a los clientes y dañaba la reputación de la empresa.

El gerente de **ventas** decía que el de producción no estaba haciendo suficientes productos y que el de almacén no estaba entregando a tiempo, mientras que el gerente de **producción** argumentaba que el de ventas no estaba haciendo bien su trabajo promoviendo los productos y solo se quejaban de los productos de los que no había suficiente y que el de almacén estaba generando demasiadas devoluciones y rechazos.

El gerente de almacén se quejaba de que el de **compras** estaba comprando demasiado y no estaba teniendo en cuenta el espacio de almacenamiento, mientras que el gerente de compras se defendía diciendo que el de almacén no estaba haciendo un buen trabajo organizando y aprovechando el espacio de almacén ni dando una buena rotación al inventario.

Aunque la empresa mantenía altos márgenes de ganancia, el gerente de **finanzas** se enfrentaba a dificultades para cumplir con los plazos de pago acordados con los proveedores debido a la falta de liquidez. A medida que pasaba el tiempo, las cuentas por pagar se acumulaban cada vez más y en lugar de buscar soluciones, el gerente se limitaba a culpar al equipo de producción y compras por el exceso de inventario, que afectaba a la liquidez.

El ambiente laboral y las juntas de trabajo se habían vuelto cada vez más tensas y menos productivas debido al juego de **echarse culpas** entre los distintos departamentos. Cada uno protegía su propia área y se resistía a reconocer su rol como **proveedor y cliente** interno de los demás. En vez de enfocarse en identificar juntos la verdadera **raíz del problema,** perdían el tiempo señalándose unos a otros y justificándose.

¿Alguna vez has conocido una historia así?

Esta empresa, al igual que muchas otras, creció sin aplicar el conocimiento técnico de las buenas prácticas que existen y permiten lograr que todas las áreas trabajen en conjunto, coordinando las acciones que permiten tener un área comercial productiva, con operaciones eficientes y finanzas sanas.

Sin duda, todos queremos cosechar victorias y ondear la bandera en lo alto de la cima por haber conquistado nuestras metas. Estos éxitos solamente es posible lograrlos si nos enfocamos en aquellas tareas que son determinantes, es decir, el resultado será una consecuencia de lo que hagamos para conseguirlo, no una casualidad ni producto del puro deseo.

Es así como la planeación de ventas y operaciones es el vehículo a través del cual es posible que todas las áreas trabajen de manera colaborativa para conseguir la **efectividad de los resultados de la empresa.**

¿Por qué impulsar
a las PYMES?

Antes de seguir, una pregunta: ¿qué son las PYMES? En México denominamos así a las «Pequeñas y Medianas Empresas», que componen más del 98% del tejido empresarial. Según datos del Instituto Nacional de Estadística y Geografía (INEGI) de México, en 2020 las PYMES generaron más del 70% del empleo en el país, aportando más del 52% del Producto Interno Bruto (PIB), de ahí el papel fundamental que ocupan las PYMES en la economía de México y la importancia de fomentar e impulsar su desarrollo, contribuyendo al bienestar social y económico del país.

Es grande la admiración que siento por aquellos emprendedores que con arrojo y perseverancia han convertido sus ideas en empresas debidamente constituidas. Pero es mucho más grande la tristeza que experimento al enterarme de que una de esas empresas ha tenido que cerrar sus puertas. No solo perdemos una fuente de empleo, sino que también se rompe un eslabón vital en la cadena productiva que impulsa el desarrollo social y económico de nuestro México.

¿Por qué es importante la Planeación de Ventas y Operaciones?

La Planeación de Ventas y Operaciones, conocida como *Sales and Operations Planning* o «*S&OP*» por sus siglas en inglés, es un **conjunto de procesos** que permite equilibrar la oferta y la demanda de productos y servicios en una empresa. El objetivo de la Planeación de Ventas y Operaciones es integrar la planeación de **ventas** con la planeación de **operaciones** y las **finanzas**, así como vincular los planes estratégicos de alto nivel con las decisiones del día a día, a fin de aumentar la eficiencia y rentabilidad de la empresa en su conjunto.

La Planeación de Ventas y Operaciones es un factor crítico para el **crecimiento y la supervivencia** de cualquier empresa en el mercado actual.

En este contexto, es más adecuado referirnos al S&OP como un **sistema de gestión**, siendo el término «sistema» un enfoque **integral** (de gestión empresarial), que incluye procesos, equipos humanos, tecnología de información, indicadores de desempeño y foros de toma de decisiones. Este conjunto de procesos se enfoca en lograr una efectiva coordinación entre las diferentes áreas de la empresa para tomar decisiones adecuadamente informadas y aumentar la eficiencia en general.

¿Cuáles son los beneficios del S&OP?

La implementación de un sistema de planeación de ventas y operaciones (S&OP) trae una serie de beneficios significativos en términos de eficiencia, rentabilidad y capacidad de respuesta.

Los beneficios que comúnmente logran las empresas son:

+20% Rentabilidad

-15% Costo total de operación

-30% Costo de inventario

-15% Costo de producción

-20% Costo de transporte

-20% Tiempo de entrega

+30% Satisfacción del cliente

Estos resultados son avalados por estudios realizados por diversas organizaciones como McKinsey, Accenture, ASCM y universidades, así como por otras consultoras especializadas en la implementación de soluciones y **buenas prácticas**. *Estos resultados pueden variar en función del tamaño y el tipo de empresa.*

¿Por qué este libro?

Aunque no es una regla general, es común que las PYMES tengan procesos menos estandarizados o institucionalizados en comparación con las grandes empresas.

Nuestro libro recoge las **mejores prácticas utilizadas por las grandes empresas** en la Planeación de Ventas y Operaciones, prácticas que les permiten alinear su estrategia con los esfuerzos del área de ventas, operar con eficiencia y controlar sus finanzas, pero con un diseño adecuado específicamente para las PYMES. Con ello proveemos de un entendimiento de lo que es S&OP y de las herramientas básicas necesarias que permitirán implementarlo con efectividad. Además, proporcionamos **ejemplos sencillos** para facilitar su comprensión.

Adicionalmente, este libro también aborda **temas clave como la gestión de inventario, la gestión de la cadena de suministro y la mejora continua**. Estos temas son esenciales para cualquier empresa que busque mejorar su eficiencia y aumentar su rentabilidad.

Implementar un sistema de planeación de ventas y operaciones (S&OP) es sin duda una pieza clave de éxito para las PYMES. A pesar de que estas empresas pueden enfrentar mayores desafíos al competir con grandes empresas, tienen la ventaja de ser más **flexibles y ágiles** para adaptarse a los cambios. Al ser una metodología integral de gestión empresarial, el S&OP no solo se enfoca en los procesos, sino también en el equipo humano, la tecnología de información y los indicadores de desempeño, lo que permite a las PYMES **competir con éxito** y aprovechar al máximo su potencial en el mercado.

¿Para quién es este libro?

Nuestra audiencia objetivo son los líderes de las pequeñas y medianas empresas (PYMES), especialmente de aquellas donde aún no se han establecido ni definido claramente sus procesos, o que no han homologado o estandarizado sus operaciones, así como empresas familiares, en etapa de crecimiento y aquellas en las que el líder actual está preparando a la siguiente generación.

Además, a lo largo del libro daremos algunos ejemplos enfocados en cuatro **sectores** empresariales:

- Empresas manufactureras.
- Empresas del sector minorista (*retail*).
- Empresas de transporte y logísticas.
- Empresas de alimentos y bebidas.

Al leer el contenido podrán comprender cómo estas prácticas son perfectamente útiles para cualquier tipo de empresa, independientemente de su tamaño o sector, y aun cuando nuestro contenido se enfoque en estos sectores, identificarán que las **buenas prácticas** que se describen **son aplicables a todas las empresas.**

Estructura del libro

Cada una de las partes del libro se divide en capítulos que analizan en detalle los conceptos fundamentales de la planeación de ventas y operaciones, que incluyen la importancia de la **colaboración** entre los departamentos, la necesidad de una **visibilidad clara y precisa de los procesos** y la implementación de tecnología y herramientas adecuadas para el seguimiento y análisis de la información necesaria para la **toma de decisiones**. En cada uno de los capítulos haremos alusión a los sectores mencionados con anterioridad.

Con el objetivo de proporcionar un enfoque práctico y concreto, así como recursos realmente útiles, hemos decidido destacar en negrita las buenas prácticas, conceptos clave e ideas relevantes de cada sección. De esta manera, buscamos ofrecer una experiencia de lectura más efectiva y un acceso rápido a la información deseada.

Les contaré cómo mis abuelos, en los años 60, se convirtieron en expertos en planeación de ventas y operaciones. Esta historia real la emplearé para contarles de una manera sencilla la metodología de S&OP.

Al final del libro se incluye un glosario de los conceptos clave y más comunes, que permitirá complementar la lectura y comprensión del presente texto.

CAPÍTULO 1°

PLANEACIÓN DE VENTAS Y OPERACIONES POR SECTOR

¿Qué es un método de planeación de ventas y operaciones?

Definición

La planeación de ventas y operaciones, como hemos mencionado, es una **metodología de gestión empresarial** que se enfoca en balancear la demanda del mercado con la capacidad de la empresa para satisfacerla. Esto incluye la capacidad de producción, compra, almacenamiento, logística y finanzas según el modelo de negocio y el sector en el que opere. Al identificar de manera **anticipada** las restricciones y cuellos de botella y **tomar decisiones** oportunamente, se pueden resolver los obstáculos que podrían limitar el crecimiento y éxito del negocio. La clave está en identificar y abordar los problemas de manera oportuna, para que la empresa pueda mantenerse competitiva en su sector.

El enfoque de la planeación de ventas y operaciones puede variar dependiendo del ámbito donde participe la empresa. Sin embargo, en términos generales, se puede definir como el método que permite a las empresas **anticipar la demanda del mercado y alinear** con ello la planeación de producción y/o de aprovisionamiento, la logística y las finanzas por igual.

Para las empresas **manufactureras**, la planeación de ventas y operaciones permite la alineación de la demanda con la capacidad de producción, lo que permite una mejor utilización de los recursos y una reducción de los costos de producción. Además, la capacidad de prever la demanda a largo plazo ayuda a minimizar los riesgos asociados con la producción de grandes cantidades de productos que no se venderán.

En el sector **minorista**, la planeación de ventas y operaciones ayuda a optimizar los niveles de inventario, lo que se traduce en una mayor capacidad de respuesta ante las fluctuaciones de la demanda y una reducción de los costos de almacenamiento. Además, la capacidad de prever la demanda con cierta precisión permite a las empresas minoristas anticiparse a las tendencias del mercado y ajustar su oferta en consecuencia.

En el caso de las empresas **de transporte y logística**, la planeación de ventas y operaciones permite una mejor utilización de los vehículos y una reducción de los costos asociados con el transporte. Además, la capacidad de prever la demanda ayuda a minimizar el riesgo de tener que rechazar pedidos debido a la falta de capacidad de transporte.

Finalmente, las empresas de **alimentos y bebidas** pueden beneficiarse de la planeación de ventas y operaciones al permitir una mejor gestión de los niveles de inventario y una reducción de los costos de producción. Además, la capacidad de prever la demanda ayuda a minimizar el riesgo de llegar a tener productos no vendidos debido al vencimiento de su fecha de caducidad.

Es importante destacar que, aunque muchas empresas tienen una participación preponderante en un sector en particular, muchas de ellas también participan en múltiples sectores. Por ejemplo, algunas empresas manufactureras, que venden directamente al consumidor final a través de tiendas propias, también tienen, por lo tanto, presencia en el sector minorista.

La planeación de ventas y operaciones es fundamental para el éxito de cualquier empresa, independientemente del sector en el que se encuentre, ya que le permitirá a las PYMES mejorar la gestión de sus procesos, ayudará a maximizar la eficiencia, reducir los costos y aumentar la rentabilidad. Además, la capacidad de prever la demanda y ajustar la oferta en consecuencia les permite mantenerse relevantes y competitivas en un mercado en constante cambio.

Requisitos para implementar un sistema de planeación de ventas y operaciones

Nuestras dudas son traidoras y nos hacen perder lo bueno que podríamos ganar por miedo a intentarlo.

William Shakespeare

Lo primero es tener un ardiente deseo y un intenso sueño por llevar a la empresa a alcanzar todo su potencial, lo cual viene con la determinante voluntad de cambiar, crecer y evolucionar. Estar **dispuesto** a cuestionar las propias decisiones y cómo ha venido liderando la organización. Nuestro ego y las propias dudas son el enemigo a vencer para renovarnos e impulsar el crecimiento y el **éxito duradero** de la organización.

El empuje necesario para convertir aquella idea y llevarla a ser hoy una empresa formalmente constituida no es suficiente para su trascendencia, desarrollo y permanencia en el mercado, no a medio y largo plazo.

Implementar el conjunto de procesos de planeación de ventas y operaciones quizá puede parecer abrumador al principio, porque no sabemos ni por dónde empezar, pero siguiendo estos pasos cualquier empresa puede lograrlo con éxito y sentar las bases elementales para su desarrollo.

Ese es el primer requisito: **voluntad de cambio**.

Paso 1. Definir los objetivos y visión de la empresa

La mejor manera de predecir el futuro es crearlo.

Peter Drucker

Esta frase nos habla del inmenso poder que tiene la visión para hacer posible construir el futuro deseado para la organización. Es dar claridad de rumbo a través de la definición de los **objetivos y la visión** de la empresa. Así, podremos alinear la forma en la que creamos valor, competimos y nos diferenciamos en el mercado. De igual manera podremos alinear nuestra estrategia de crecimiento, nuestra marca, nuestros segmentos de clientes y nuestra oferta comercial. De esta manera podremos liderar la organización para alcanzar las metas.

La visión es el punto de partida para diseñar una estrategia comercial que oriente las acciones de la empresa. La planeación de ventas y operaciones tiene como fin **alinear** los recursos y procesos de todas las áreas de la empresa, con **el objetivo común** de lograr los resultados esperados.

Lo más básico para alinear la visión y su entendimiento por el equipo de trabajo es contar con **una comunicación precisa y clara**, asegurarse de que todos están en la **misma página**, empezando por quienes reportan directamente al líder y así sucesivamente, a la organización entera, para que cada colaborador tenga un entendimiento claro de la visión y objetivos de la empresa y la forma en que cada uno contribuye a su logro.

Es fundamental destacar que, aunque tu empresa sea pequeña, invariablemente debes contar con una **visión** clara y **objetivos** definidos. En caso de no haberlos establecido aún, te recomendamos detenerte un momento y dedicar algo de tiempo para hacerlo. Es valioso contar con el apoyo de tu equipo de trabajo y buscar orientación y complemento de personas con experiencia en este ámbito. No definir tu visión y objetivos sería similar a pretender navegar un velero sin disponer del timón.

A continuación, les compartiremos algunos sencillos consejos para establecer la visión. Este proceso requiere de tiempo de calidad para reflexionar y planear el rumbo de la empresa.

1. **Reflexiona sobre el propósito de tu empresa:** piensa en la razón fundamental por la cual tu empresa existe. ¿Cuál es su propósito y cuál es el valor que deseas crear en tu mercado, tu sector y con tus clientes?

2. **Define tus valores**: los valores son los principios fundamentales que guían el comportamiento y la toma de decisiones en tu empresa. Identifica los valores que consideras esenciales y que deseas que sean la base de tu cultura organizacional.

3. **Imagina el futuro deseado**: visualiza cómo te gustaría que fuera tu empresa en el futuro, idealmente en un plazo de cinco a diez años. ¿Qué logros has alcanzado? ¿Cómo se ve tu empresa en términos de tamaño, alcance, reputación y valores?

4. **Analiza el mercado y las tendencias**: evalúa el mercado en el que te encuentras y considera las tendencias actuales y futuras. ¿Qué oportunidades puedes aprovechar? ¿Qué tan innovador eres o puedes ser para adecuarte o crear tendencias?

5. **Involucra a tu equipo**: es importante contar con la participación y aportaciones del equipo. Hazlos partícipes del proceso a través de lluvias de ideas, considera sus puntos de vista y opiniones sobre la visión. Esto también fortalecerá su vínculo con la empresa, su compromiso y alineación.

6. **Define tu visión de manera clara y concisa:** una vez que hayas reflexionado y recopilado esta información, redacta una declaración de visión que sea **inspiradora y concreta**. Debe reflejar el propósito, los valores y el futuro deseado de tu empresa.

Paso 2. Evaluar el desempeño de los procesos actuales

Quien mira hacia afuera, sueña; quien mira hacia adentro, despierta.

Carl Jung

Es el ejercicio y el momento de la autoevaluación. Escuchar a quien nos mira de frente desde el espejo. Indudablemente, cuando nos atrevemos a cuestionarnos y nos planteamos las preguntas adecuadas, aquellas que resultan incómodas porque desafían nuestras creencias, juicios y visión, siempre encontraremos respuestas sobre cómo podemos mejorar y llevar a nuestra empresa a alcanzar su máximo potencial, permitiendo así que trascienda más allá de nuestra permanencia en ella.

Una vez que hemos definido nuestros objetivos y visión, es importante **evaluar el desempeño de los procesos** actuales de la empresa, así como entender la forma en la que se toman decisiones y coordinan acciones.

Ampliando un poco el panorama, aquí podemos hablar de un marco de referencia de las **4 P** de evaluación del estado actual:

1. **Performance1**: los indicadores de desempeño de los procesos.
2. **Procesos**: la formalidad en la documentación y definición de los procesos.

---

1   **Performance** Voz ingl. f. rendimiento (‖ proporción entre el resultado obtenido y los medios utilizados). Diccionario de la Lengua Española.

3. **Prácticas**: el grado en que los procesos siguen o se apegan a las buenas prácticas de la industria.
4. **Personas**: la definición de roles, responsabilidades y habilidades de las personas en la organización.

Realizar un análisis detallado del desempeño de los procesos nos ayudará a identificar **cuellos de botella, puntos de dolor, ineficiencias y áreas de mejora** en cada una de las actividades y prácticas, como la planeación de la venta, la gestión de inventarios, la planeación de la producción o la planeación de entregas, entre otros. En los siguientes capítulos profundizaremos en estos conceptos.

A esta evaluación la llamaremos el **estado actual** y será nuestro punto de partida para la implementación del sistema de planeación de ventas y operaciones (S&OP).

En este ejercicio de sumergirse en el interior de la organización y de nuestro propio rol como líder, una pregunta a plantearse es: ¿realmente tengo los indicadores correctos?

Medir correcta y objetivamente el desempeño de nuestra empresa es el pilar para construir un sólido **sistema de gestión**, que guíe la toma de decisiones de la empresa en y hacia su camino al éxito perdurable.

Paso 3. Diseñar los procesos ideales

Cree que se puede hacer. Cuando crees que algo se puede hacer, tu mente encontrará la manera de hacerlo. Creer en una solución allana el camino a la solución.

David J Schwartz

Es hacernos preguntas simples pero contundentes: ¿De qué manera y mediante qué acciones haré posible que mi visión se vuelva realidad? ¿Cómo lo haré posible? ¿Cómo lo puedo lograr?... e inmediatamente, aun si no tienes todas las respuestas, ponte en acción. **#EmpiezaHoy**

Teniendo ya la definición clara de los objetivos y la visión de la empresa y habiendo evaluado ya la situación actual del desempeño de los procesos, debemos **diseñar los procesos ideales** que nos permitan cumplirlos (*objetivos y visión*). Estos procesos deben estar orientados al cliente, ser sencillos, eficientes, flexibles y escalables. Para diseñar los procesos ideales puedes emplear los siguientes pasos:

- Establecer los **indicadores de desempeño** que nos permitan medir el cumplimiento de los objetivos y la satisfacción del cliente.
- Identificar las actividades clave que **generan valor** para el cliente y la empresa.
- **Eliminar** las actividades que no agregan valor o que generan desperdicios (identificados en el punto 2).
- Definir **los roles y responsabilidades** de cada persona involucrada en el proceso.
- **Documentar y estandarizar** los procesos para facilitar su comprensión y ejecución.

Algunas preguntas útiles para este ejercicio son las siguientes: ¿Qué necesito cambiar de mi modelo actual? ¿Cómo debe ser el diseño de un proceso altamente eficiente? ¿Cuáles son las mejores prácticas que existen en esta u otra industria? ¿Cómo gestionan las empresas líderes de la industria? ¿Cuáles son las empresas ejemplares en estos procesos?

También es importante identificar los recursos necesarios para implementar y habilitar estos procesos, como la tecnología y el personal necesarios (**habilitadores tecnológicos y humanos**). En algunas ocasiones será necesario modificar la estructura organizacional o incluso habilitar algunos roles alineados con los nuevos procesos.

Una **buena práctica** es que el **diseño organizacional** sea producto y consecuencia de una adecuada definición de los procesos. Siendo enfáticos: alineados a los objetivos y visión de la empresa.

Es fundamental que el equipo encargado de diseñar los procesos ideales involucre a representantes de todas las áreas de la empresa para asegurarse de que se consideren todas las perspectivas y necesidades; los representantes de las áreas deben ser los más adecuados para fungir como **líderes del diseño**, por lo tanto, serán personas expertas en su tramo operativo y con la capacidad de aportar tales conocimientos para definir los procesos ideales en conjunto con el resto de las áreas, que son internamente **proveedores y clientes**.

Es altamente recomendable también consultar los **modelos de referencia** y las **buenas prácticas** de la industria, así como las numerosas **historias de éxito** de otras empresas, que servirán como ejemplo para diseñar los procesos ideales.

Paso 4. Establecer un plan de trabajo

Un objetivo bien establecido es la mitad del camino hacia el logro.

Zig Ziglar

¿Dónde estamos y hacia dónde vamos? ¿Qué senderos tomaremos para llegar a nuestro destino?

En esta etapa es crucial prestar especial atención a identificar las brechas o diferencias entre el estado actual de los procesos y el desempeño ideal, así como su impacto en los resultados del negocio. Al identificar estas **brechas** entre «cómo son» y «cómo deben ser» las cosas, debemos establecer prioridades. Podemos determinar cuáles ofrecen los mayores beneficios, cuáles se pueden resolver en menos tiempo y su nivel de complejidad; una **buena práctica** es utilizar una matriz que tenga dos variables: beneficios (bajos y altos) y complejidad (baja o alta). Al clasificar cada brecha de acuerdo con estas cuatro combinaciones posibles, se vuelve mucho más sencillo priorizar y tomar decisiones. Con esta información podremos definir el orden, secuencia y/o dependencia que hay para poder ejecutar. Con ello desarrollaremos un plan de trabajo que nos guiará desde nuestra situación actual hacia el punto a donde deseamos llegar.

El plan de trabajo contempla los recursos humanos, tecnológicos y económicos que serán necesarios y nos permitirá visualizar de inicio a fin el alcance del proyecto, así como el tiempo que será necesario para lograrlo.

Utilizar una herramienta y metodología de **gestión de proyectos** es un elemento indispensable para asegurar que el plan de trabajo se ejecute acorde a lo planeado y se tomen decisiones oportunas ante **riesgos** identificados.

Paso 5. Seleccionar un sistema de planeación de ventas y operaciones

El liderazgo personal es el proceso de mantener su visión y valores ante usted y alinear su vida para que sea congruente con ellos.

Stephen Covey

Nuestra vida es el resultado de las decisiones que tomamos día a día. De los mayores desafíos personales y del líder: ser congruente con los principios y valores, decidir aquí en el momento presente, aprovechando los recursos de los que se dispone y tomando las decisiones alineadas con la visión.

Una vez que se han definido los objetivos y se ha evaluado el proceso actual, es hora de seleccionar un sistema de información de planeación de ventas y operaciones. La empresa debe considerar las necesidades específicas de su industria y elegir una solución que sea **escalable y adaptable.**

Los **sistemas de información** por sí solos no son la solución ni aportan un **valor agregado** a la compañía, aun cuando su implementación represente una inversión significativa y, bajo ciertos criterios, los principios contables permitan clasificarlos como activos de la empresa. El verdadero valor de estos sistemas radica en la capacidad de la empresa para aprovecharlos. Su valor es potencial y solo a través de su utilización se puede capturar dicho valor.

Si bien no es condición para implementar una buena práctica que se requiera del uso de tecnología de información, no aprovecharla en estos tiempos es condenarse a la ineficiencia y pérdida de competitividad. En el **capítulo 6** abordaremos este asunto y haremos algunas precisiones relevantes.

El enfoque debe ser este: una vez definidos los procesos y para facilitar la ejecución de estos, es absolutamente recomendable implementar una herramienta de *software* que permita a individuos y equipos colaborar y compartir información. Este será el **habilitador tecnológico**. Siempre deberemos empezar por **la definición de los procesos, validados y probados en la ejecución práctica**. Creer que porque se han documentado los procesos estos serán ejecutados en la operación es un error común. Es necesario que los procesos se vivan en la operación, aprender de ello e implementar las herramientas de *software*.

Con frecuencia, las empresas y sus líderes, sobre todo debido a la falta de conocimiento, toman la decisión de implementar un sistema de información sin haber realizado previamente una adecuada definición de indicadores de desempeño vinculados a roles y sin haber definido sus procesos ideales. Este desatinado error resulta en un aumento de los gastos de operación y en la sistematización de las ineficiencias existentes.

Con facilidad se confunde la implementación de una herramienta tecnológica con el medio para lograr un mejor desempeño. La realidad es que el verdadero medio para alcanzarlo es a través de los procesos. Las herramientas tecnológicas son solo un elemento facilitador, un habilitador de los propios procesos. Son los procesos bien diseñados y eficientes los que realmente impulsan el desarrollo y mejor desempeño de la empresa.

Al seleccionar un sistema de información, debemos considerar aspectos como la funcionalidad, la facilidad de uso, la capacidad de integración con otros sistemas de la empresa (como el de facturación y control de inventarios o el de gestión de pedidos de venta), la escalabilidad, el soporte técnico y la relación costo-beneficio.

Una **buena práctica** consiste en establecer una **matriz** de soluciones que pondere cada aspecto a **evaluar**. Cada criterio debe tener asignado un peso específico (porcentaje de participación) y se deben definir los parámetros de evaluación para cada uno (escalas de valor). Esto garantiza que la decisión se base en un método objetivo, eliminando la discrecionalidad y las preferencias personales. Solicitar y consultar referencias comerciales también debe formar parte del proceso de evaluación.

Es recomendable involucrar a diferentes áreas de la empresa en el proceso de selección; deben participar las áreas comerciales, de operaciones y de finanzas, para garantizar que el sistema seleccionado cumpla con los requisitos de todas las áreas y **se apegue al diseño de los procesos**.

Es lamentable ver cómo algunas empresas invierten una gran cantidad de recursos en *software*, pero no logran **sacar el máximo**

provecho de estas herramientas. Por otro lado, existen empresas que aún gestionan sus procesos y toman decisiones utilizando hojas de cálculo (Microsoft Excel o Google Sheets), lo que resulta en una pérdida de tiempo en tareas manuales como copiar, pegar, actualizar y repetir el ciclo para cada persona involucrada. Esto implica un desperdicio cuantioso de tiempo que podría emplearse en actividades más productivas, en lugar de utilizarlo en ese rudimentario procesamiento de datos. Por lo tanto, es determinante **elegir las herramientas adecuadas** y contar con procesos bien definidos y un equipo humano habilitado y comprometido (que sabe y quiere) para garantizar que los sistemas realmente **agreguen valor** a la empresa.

Una sabia decisión es empezar por sistemas y herramientas tecnológicas **sencillas** (sí, vale iniciar con hojas de cálculo). Una vez madurados y que la empresa los domine, irlos **escalando**, siguiendo una **estrategia de tecnologías de información,** alineada de igual manera con la visión y estrategia de la empresa.

Paso 6. Implementar, evaluar y mejorar continuamente

El éxito no es definitivo, el fracaso no es fatal. Lo que cuenta es el coraje para continuar.

Winston Churchill

El éxito verdadero no reside en llegar a un punto específico, alcanzar una meta o conquistar una cima. Si bien son momentos que merecen celebrarse, son fugaces por naturaleza. En nuestro trayecto enfrentaremos un sinfín de desafíos y quizás no alcancemos esa cumbre en el momento querido. Eso lo podríamos considerar motivo de desánimo, tropiezos o errores, pero son realmente oportunidades de aprendizaje y desarrollo.

El verdadero éxito es tener el coraje y la determinación para seguir adelante, ser mejor cada día, disfrutar lo que se logra y nunca conformarse, para seguir superando los propios límites. El éxito es el viaje constante e incesante de la **mejora personal**.

Posterior al diseño de los procesos y la selección del sistema, viene la implementación, siguiendo el plan de trabajo que hemos definido con anterioridad.

Una **buena práctica** es que, previamente a la implementación, se realicen **pruebas y simulaciones** de los procesos para asegurarse de que funcionen de manera efectiva antes de implementarlos por completo en toda la organización. A esto se lo conoce como **ciclos de pruebas** y a las implementaciones parciales o primeras etapas de implementación, como **pruebas piloto**. Una vez logrado el éxito, se llevan al resto de la organización. A esto lo llamamos **replicar** (copiar lo que ya probamos que sí funciona para llevarlo a donde todavía no se haya implementado).

La empresa debe evaluar continuamente el desempeño de los procesos y realizar mejoras para garantizar que estén funcionando de manera efectiva y cumpliendo con los objetivos a lo largo del tiempo; a esto lo llamamos el ciclo de **mejora continua.**

Los **procesos óptimos** que permiten lograr resultados con eficiencia tienen fecha de caducidad. La intensa actividad de la competencia, las crecientes exigencias de los clientes, los cambios en las regulaciones, el dinámico entorno económico, las emergentes nuevas y mejores prácticas, así como el exponencial desarrollo de tecnología hacen que lo que ayer fue excelente mañana quizás ya sea obsoleto. Esos procesos que definimos, si no los actualizamos, pierden **valor** y, junto a ellos, la empresa. ¿Cuándo fue la última actualización de tus procesos?

Desde el paso 1, es fundamental contar con una estrategia bien definida de **gestión del cambio**. Esto permitirá que los colaboradores y la organización puedan transitar de manera efectiva a lo largo de todo el proceso de implementación. En ese sentido, el contenido del libro también aborda algunas buenas prácticas en materia de gestión del cambio, las cuales serán atendidas con mayor detalle en el **capítulo 5.**

La implementación de un sistema de planeación de ventas y operaciones es un proceso desafiante, pero los beneficios son significativos. Siguiendo estos pasos cualquier empresa podrá contar con el conocimiento y entendimiento elemental para implementarlo con éxito y mejorar así la eficiencia y la **efectividad en los resultados** a lo largo del tiempo.

CAPÍTULO 2°

ETAPAS DEL PROCESO DE PLANEACIÓN DE VENTAS Y OPERACIONES

Mis abuelos eran expertos en planeación de ventas y operaciones

¿Cuántos costales de frijoles vas a necesitar de la cosecha?

Mi abuelo a mi abuela

Allá por los años 40, en un Sinaloa que se reponía de los estragos que dejó la revolución y del ir y venir de cambios en las políticas sociales y económicas del país, mis abuelos unieron sus vidas y, como lo normal de aquel entonces era tener seis, doce o quince hijos, esta familia no fue la excepción. No en balde aquella fue la generación de los *baby boomers*, entre ellos mi mamá. Pero ahí no termina la historia de crianza. Durante los años 70, mis abuelos también criaron a un ahijado.

Mis abuelos se convirtieron en unos verdaderos maestros del S&OP. Aunque en sus tiempos este término no existía ni la metodología había sido desarrollada, ellos tuvieron un talento innato para dominar los principios de esta buena práctica de gestión.

El abuelo era un diestro hombre de campo, dedicado a la producción de granos y frutas, así como al engorde de ganado vacuno. También había dispuesto algunas tierras con praderas y corrales para criar ganado lechero y habilitar el establo de ordeño. La leche era el generador de recursos para las necesidades básicas de la familia.

Alimentar a la familia era, obviamente, una de sus prioridades, por eso, de cada producto que salía del campo siempre destinaba lo primero a las necesidades de la casa.

En el hogar, la abuela contaba con el apoyo permanente de dos personas para poder lidiar con todas las labores del hogar. Regularmente atendían a alguno o algunos invitados, así es que en casa de los abuelos, por muchos años, se alimentaba diariamente a un promedio de veinte personas.

La leche, además de ser utilizada para el consumo familiar, la abuela se encargaba de procesarla, venderla como leche bronca (sin hervir) o elaborar quesos frescos, asaderas (queso panela) y crema, que eran comprados por los vecinos o entregados a algunas carnicerías y cremerías, principalmente del mercado municipal.

Quizá te parezca fuera de lugar la nota, pero te aseguro que todo tendrá sentido. A medida que vayamos revisando las etapas del proceso de Planeación de Ventas y Operaciones iré haciendo referencia a esta historia y conectando los puntos.

Las 6 etapas del proceso de Planeación de Ventas y Operaciones

El proceso de S&OP consta de seis etapas o subprocesos, los cuales se describirán a continuación. Como hemos mencionado antes, lo que se busca a través del S&OP es **alinear las diferentes funciones y procesos** de una organización para **equilibrar** la oferta y la demanda de sus productos y servicios.

Dentro del proceso de S&OP existen 6 etapas:[2]

1. Obtener datos de ventas y mercado.
2. Planear la demanda.
3. Planear el suministro (oferta).
4. Realizar reunión previa.
5. Realizar reunión ejecutiva de S&OP.
6. Ejecutar el plan.

---

2   Si consultas la bibliografía notarás que la metodología abarca cinco etapas. He decidido incluir la sexta a la lista por el valor que tiene ejecutar, llevar a cabo lo planeado y tomar decisiones. Adelante te cuento más.

En las siguientes páginas describiremos brevemente cada etapa e iremos hilando la historia de mis abuelos.

1. Obtener datos de ventas y mercado

En esta etapa del proceso de S&OP se recopilan y analizan los datos de ventas y del mercado para obtener una visión clara de la demanda actual y futura. Esto implica recopilar información sobre las ventas pasadas, las tendencias del mercado, el comportamiento del consumidor y cualquier otro factor relevante que pueda influir en la demanda de los productos o servicios de la empresa. Estos datos son fundamentales para tomar decisiones informadas y desarrollar una planeación precisa.

La abuela sabía que tenía algunos hijos que eran adolescentes y de muy buen comer. Tenía otros más pequeños y, entre ellos, uno muy desganado y falto de apetito: no todos comían las mismas cantidades. Además, los compadres, que vivían en otra ciudad alejada de la capital, le habían pedido apoyo para recibir en casa al ahijado para que asistiera a sus estudios de bachillerato. Esa sería una boca más que alimentar.

La leche bronca tenía muy buena demanda todo el año. Los compradores llegaban muy temprano, prácticamente esperaban que llegara desde el establo. Los hijos mayores se encargaban de llevar al mercado todos los productos que se elaboraban con la leche. Al escuchar a los dueños de las carnicerías y cremerías que les compraban sus productos habían entendido que en verano se consumían más asaderas que quesos, mientras que en otoño e invierno les pedían más quesos. La crema se vendía muy poco.

2. Planear la demanda

En esta etapa se utiliza la información recopilada en la etapa anterior para desarrollar un pronóstico o estimación de la demanda futura de los productos o servicios de la empresa. Se emplean diferentes técnicas y herramientas, como modelos estadísticos y análisis de tendencias, para estimar de manera precisa la cantidad de productos o servicios que se espera vender en un período determinado. No nos asustemos, pues los términos de modelos estadísticos o pronósticos, de hecho, ya los utilizamos. Comúnmente promediamos algunos periodos pasados y estimamos con ellos lo que esperamos que sea la venta de un periodo en adelante, o recordamos cómo se comportó la venta en esas mismas fechas del año pasado. Pues ahí lo tenemos, esas son dos formas de utilizar datos estadísticos, analizar tendencias y estacionalidad.

En casa de los abuelos se comía tres veces al día. Había que decidir qué se prepararía. Por ejemplo, con frijoles, la abuela preparaba innumerables platillos, desde unos sabrosos frijoles cocidos en agua y sal, a otros guisados. A veces eran el plato principal y otras la guarnición o el relleno de unas entomatadas. La destreza para cocinar y sazón de la abuela eran admirables.

Las asaderas frescas se habían convertido en un producto muy solicitado por sus clientes, aun en otoño e invierno. Su elaboración es siempre con leche fresca del día, compitiendo con la demanda de leche bronca, que era lo primero que se vendía todos los días.

Lo que la abuela tenía que preparar de alimentos en casa, así como los productos lácteos que le pedían sus clientes y sus preferencias por temporada es la demanda.

3. Planear el suministro (oferta)

Una vez que se tiene una previsión de la demanda, se procede a planear el suministro de los productos o servicios de la empresa. En esta etapa se determina la cantidad de artículos a producir y/o adquirir, dependiendo de nuestro giro e industria. El objetivo es asegurar que la empresa tenga la capacidad suficiente para satisfacer la demanda prevista y evitar problemas de faltantes o excedentes de inventario en cualquiera de las etapas a lo largo de la cadena de suministro de la empresa.

Si fabricamos productos internamente, necesitamos determinar cuánto, cuándo y dónde producir para satisfacer la demanda. De igual manera haremos con todos aquellos insumos y materiales que serán necesarios para su elaboración. Si compramos productos para su venta, debemos determinar cuánto comprar, cuándo y dónde recibirlo para satisfacer la demanda.

Así mismo, planeamos cómo los vamos a distribuir para que estén en el lugar correcto en el momento correcto.

Considerando todo lo que tenía que preparar de alimentos para casa y sabiendo que hasta el siguiente año no habría siembra de frijoles, la abuela hacia sus cálculos de cuántos costales le pediría al abuelo que reservara de la cosecha. Y como, además de frijoles, se necesitaban otros insumos, como azúcar, arroz, leche, harina de trigo, huevos o masa de maíz (para hacer tortillas), había que estimar cuánto espacio se necesitaría para resguardar aquellos que se recibirían una vez al año, los que se comprarían cada semana o los que se recibirían diariamente, como la leche. Los granos podían almacenarse en costales, pero la leche había que recibirla en tambos de 20 o 15 litros todos los días y retornarlos lavados y limpios al establo para el ordeño de la madrugada siguiente.

El abuelo, como de costumbre, le hacía saber a la abuela cuántas vacas se habían preñado. Una vez le hizo saber que tendrían treinta vacas más que el año pasado, de tal manera que se esperaba mucha más leche para el siguiente año, cuando las vacas parieran. Por otro lado, en verano, cuando las vacas pastaban y comían menos paja seca, la producción de leche era mayor. Sabiendo esto, la abuela consideró que convenía que el área donde se procesaba la leche tendría que adecuarse; se necesitarían más tinas para cuajar la leche, más canastillas para las asaderas y quesos y hasta más tambos para transportar diariamente la leche del establo a casa y su retorno. Ella consideraba que era mejor procesar la leche que venderla bronca.

Saber cuántos frijoles serían necesarios, el conocimiento que solo una vez al año había cosecha y, por lo tanto, con ello determinar cuánto sería requerido almacenar, así como identificar que también había de adecuarse el espacio para su resguardo, es parte de planear el suministro.

En el caso de la leche, saber cuánta leche se produciría, determinar los espacios, así como los insumos y materiales para su procesamiento es también parte de planear el suministro.

4. Realizar reunión previa

Antes de la reunión ejecutiva de S&OP, se lleva a cabo una reunión donde se revisan y discuten los planes de demanda y suministro. Todavía no se la presentamos al *jefe*. En esta reunión, las diferentes áreas y responsables, junto a los equipos involucrados en el proceso, comparten la información, plantean soluciones para los cuellos de botella o restricciones que hayan identificado para el cumplimiento y logro de los planes de venta. Es un espacio de **colaboración y alineación** entre los diferentes actores clave para garantizar que todos estén en la **misma página** antes de la reunión ejecutiva.

La abuela tenía que, por un lado, determinar lo que necesitaría para alimentar a las veinte bocas que diariamente comían en casa. Por otro lado, con la leche debía determinar qué iba a producir, cuánto destinar para leche bronca, asaderas, quesos o crema, así como las cantidades convenientes en cada momento. Para ello discutía con los hijos más grandes, quienes le ayudaban en este proceso de considerar posibilidades y evaluar los diferentes escenarios.

5. Realizar reunión ejecutiva

La reunión ejecutiva de S&OP es el punto central del proceso, donde se revisan y acuerdan los planes de demanda y suministro. Ahora sí vamos con el *jefe*. En esta reunión participan representantes de todas las áreas involucradas, como ventas, operaciones y finanzas, y se discuten los diferentes escenarios y opciones para llegar a un **consenso** sobre el plan final. Esta reunión permite tomar decisiones estratégicas y resolver posibles conflictos entre las áreas, asegurando una planeación integrada y alineada con los objetivos de la empresa.

Mis abuelos se pusieron de acuerdo, juntos decidieron que de todos los granos, semillas y especias que fueran a consumir era mejor realizar compras por volumen, aprovechar las cosechas y almacenarlos en casa, así que ampliarían el almacén.

El acuerdo sobre la leche fue que harían más grande el área para producir asaderas y quesos; la crema la elaborarían solo con pedido y la leche bronca ya no la venderían: era más rentable procesarla.

En verano, cuando se tuviera mucha más leche, se elaborarían unos deliciosos jamoncillos (una especie de natilla, típica del noroeste mexicano) para regular tanto el volumen de leche que sobraba del día como los precios.

6. Ejecutar el plan

Una vez que el plan de S&OP ha sido acordado y aprobado en la reunión ejecutiva, se pasa a la etapa de ejecución. Esto implica poner en marcha las acciones y actividades planeadas para cumplir con la demanda y el suministro comprometidos. Se evalúa, mide y monitorea el desempeño del plan con su ejecución a lo largo de cada etapa, para poder tomar decisiones basadas en información contundente y realizar los ajustes necesarios. La ejecución efectiva del plan garantiza que la empresa pueda satisfacer las necesidades de sus clientes de manera eficiente y rentable.

En este último punto, nos adentramos en un aspecto crucial de la gestión, que hemos abordado brevemente antes: los **indicadores clave de desempeño** (*KPI*, por sus siglas en inglés). Estos

KPIs son métricas y evaluaciones que nos dan información objetiva sobre el desempeño y la efectividad de los procesos y aquellas actividades relacionadas con su planeación y ejecución. Nos permiten evaluar el cumplimiento de los objetivos establecidos, identificar áreas de mejora y tomar decisiones basadas en datos, con el fin de optimizar el desempeño. Los *KPIs* deben abarcar todos y cada uno de los aspectos relevantes de la cadena de valor del negocio, como el cumplimiento al nivel de servicio al cliente, la efectividad del plan de ventas o la eficiencia en la gestión del inventario, entre otros tantos más. No es medir todo, es medir lo que es necesario y útil para la toma de decisiones y la coordinación de acciones, realizando ajustes para lograr y mejorar la eficiencia y competitividad de la empresa.

En cada etapa se requiere **la colaboración entre las áreas**. Reiteramos que el objetivo es **coordinar las acciones y los recursos** necesarios para satisfacer las necesidades del mercado y los objetivos de la empresa. En los siguientes capítulos proporcionaremos un mayor detalle de estos procesos y los ligaremos con otros estrechamente relacionados, como la planeación de la producción, la gestión del transporte e incluso la gestión del cambio.

Si bien para mis abuelos la prioridad fue hacer familia, entendían lo importante de ser previsores y ponerse de acuerdo en un mismo objetivo. Así, sin pretenderlo, te has dado cuenta de que fueron maestros y modelo de referencia para otras familias y empresarios en planeación de ventas y operaciones.

En el siguiente capítulo nos adentraremos con mayor detalle en las prácticas antes mencionadas desde un punto de vista empresarial, aunque manteniendo un lenguaje sencillo y accesible.

CAPÍTULO 3°

COMPONENTES CLAVE EN PROCESO DE PLANEACIÓN DE VENTAS Y OPERACIONES

Existen procesos clave en la metodología de planeación de ventas y operaciones. El primero de ellos comienza al analizar la demanda de nuestros productos y/o servicios y acordar un **plan de ventas:** qué vamos a vender, en dónde, para qué clientes, en qué momento, a través de qué canales de venta, ¿cuál será el ingreso esperado? Este análisis es fundamental para poder planear la producción, la logística y la distribución de manera eficiente y efectiva. Abordaremos esta y otras **buenas prácticas** en los siguientes apartados.

En este capítulo abordaremos los procesos y prácticas más relevantes dentro de la metodología de planeación de ventas y operaciones.

Planeación de la demanda

Nuestras metas solo pueden alcanzarse a través del vehículo de un plan, en el cual debemos creer fervientemente y sobre el cual debemos actuar vigorosamente. No hay otro camino hacia el éxito.

Pablo Picasso

En la implementación de un sistema de planeación de ventas y operaciones (S&OP), uno de los primeros pasos que debemos ejecutar es analizar y planear la demanda de nuestros productos o servicios. Este análisis es elemental para poder planear toda la operación de la empresa, sea esta la producción, la logística y/o la distribución, de manera eficiente y efectiva, para que permita satisfacer las necesidades de los clientes, optimizar los recursos y **aumentar la rentabilidad del negocio**.

Para llevar a cabo un plan de la demanda, o plan de ventas, es importante tener en cuenta varios factores. En primer lugar, debemos conocer a nuestros clientes y sus necesidades. Para ello es necesario saber quiénes son nuestros clientes, qué productos o servicios buscan y qué precios están dispuestos a pagar. También es importante conocer sus hábitos de compra, sus preferencias y sus expectativas.

Otro factor a considerar en el análisis de la demanda es el entorno competitivo. Es necesario conocer a nuestros competidores, sus fortalezas y debilidades, y cómo se comparan nuestros productos o servicios con los suyos. Esto nos permitirá identificar oportunidades de mejora y diferenciación.

Es por ello por lo que el área a cargo de desarrollar el plan de ventas es propiamente el área comercial, ya que es la primera responsable del desempeño del indicador y del logro del objetivo de ventas. Esta sección es, por implícitas razones, la que mejor conoce al cliente, el mercado y la competencia.

Además, es importante tener en cuenta las tendencias del mercado y las condiciones económicas y sociales que pueden afectar a la demanda de nuestros productos o servicios. Por ejemplo, cambios en los hábitos de consumo, fluctuaciones en los precios de los insumos o cambios en las políticas gubernamentales pueden tener un impacto significativo en la demanda.

Un componente esencial en la planeación de la demanda es la **segmentación del mercado**, que consiste en dividir y clasificar a los clientes según su perfil y el canal de ventas que se utilizará para atenderlos. Esto depende de la **estrategia y visión de la empresa**. Por ejemplo, se puede vender con vendedores propios, comisionistas, a través de intermediarios, de una tienda en línea o física, de redes sociales o mediante una estrategia omnicanal. También se puede clasificar a los clientes según el tipo de mercado al que pertenecen, ya sea como consumidores finales, otras empresas privadas o entidades públicas. Así se obtiene una **matriz** de clientes y canales de venta que permite desarrollar una **estrategia comercial** adecuada.

La mejor práctica para planear la demanda es de abajo hacia arriba en los canales de venta, aunque en algunas ocasiones habrá que hacerlo al revés si no disponemos de datos útiles y valiosos para ello. ¿Qué significa esto? **Planear de abajo hacia arriba** sería, por ejemplo, en una empresa que tiene dos sucursales, que cada una elabore su plan y luego se agreguen o sumen los planes de ambas para tener el plan total de la compañía. **Planear de arriba hacia abajo** sería, en este caso, que en la empresa se establezca un plan general y luego se le reparta proporcionalmente a cada sucursal su plan individual. Otra forma de verlo es por canales de venta: cada canal elabora su plan de ventas y luego, hacia arriba, se llega al plan de toda la empresa.

Así como hemos clasificado a los clientes, debemos hacerlo con los productos. A esto lo llamamos **categorías de productos**, que consiste en agruparlos por algún aspecto o atributo que sea relevante para la toma decisiones de la empresa y la ejecución de la estrategia comercial.

Puesto que siempre deberemos tener el plan de ventas a nivel producto y canal de ventas, ¿cuál es la estrategia óptima para desarrollarlo? ¿Cómo se debe elaborar? ¿Es conveniente elaborar el plan para todos los productos o solo para algunos de ellos? Cuando se trata de las **categorías de productos**, es recomendable adoptar un enfoque intermedio para desarrollar el plan de ventas. No se debe elaborar el plan para cada producto ni tampoco aplicarlo de manera arbitraria a todos los productos. La **buena práctica** es identificar los productos más relevantes dentro de cada categoría y centrar el plan en ellos. Por lo general, este conjunto de productos representa aproximadamente el 80% de las ventas totales y constituye alrededor del 20% del catálogo de productos. Esto se conoce como el principio del 80/20 o el principio de Pareto. Al enfocarse en estos productos clave se obtendrá un plan de ventas más efectivo para la toma de decisiones, la alineación y la coordinación de acciones.

En ese último concepto subrayamos la importancia de distinguir **la diferencia entre presupuesto y plan de ventas.** Idealmente deben estar alineados y, por su parte, el plan debe ir persiguiendo el logro del presupuesto. Ahora, por su naturaleza cercana al mercado y la frecuencia con la que se actualiza, el plan de ventas tiene un mayor grado de representación del entorno y estrategia comercial de la empresa, por esta razón tiene un valor significativo en la toma de decisiones y en la alineación de las diferentes áreas y procesos operativos y financieros de la empresa.

Siendo la planeación de la demanda un proceso que permite proyectar la demanda futura de los productos o servicios de una empresa, para realizarlo de forma efectiva se deben considerar tres **variables de tiempo:**

1. **Frecuencia (*frecuency*)**: cada cuánto tiempo se debe revisar el plan. Usualmente es una vez al mes.
2. **Horizonte (*horizon*)**: hasta qué punto debemos mirar hacia el futuro. El horizonte de planeación depende del **lead time** o tiempo de respuesta de cada producto o ca-

tegoría. Por ejemplo, si un producto tiene un lead time de sesenta días, que es el tiempo transcurrido desde que se envía la orden de compra al proveedor y este hace la entrega, debemos planear la demanda por lo menos en un horizonte de sesenta días. La **buena práctica** establece un máximo de dieciocho meses. Se recomienda empezar con horizontes más cortos e ir ampliando el rango a medida que se madura el proceso.

3. **Bloques (*time buckets*)**: cómo se agrupa el tiempo. Se recomienda que los periodos más próximos sean en bloques semanales, los siguientes en bloques mensuales y los últimos pueden ser en trimestres.

Un indicador de desempeño altamente valioso es evaluar la **efectividad del plan de ventas**. Una **buena práctica** es vincular este indicador con los incentivos económicos de los equipos de ventas.

Es de suma importancia destacar la necesidad de identificar las fechas relevantes asociadas al comportamiento de nuestros productos o servicios. Cada una de ellas está sujeta a variables externas que siguen un patrón **estacional**, como la temporada de Fin de Año, los días festivos, la Semana Santa o las vacaciones de verano, entre otros ejemplos. Asimismo, si la empresa planea **promociones o campañas** para impulsar la venta de ciertos productos o servicios, es imprescindible que el plan de ventas lo refleje para que todas las áreas estén alineadas con ese objetivo. ¿Te imaginas el caos de lanzar una promoción y que en el área de producción, compras, almacén o transporte no estén enterados?

Establecer un **sistema de incentivos** basado en el logro de los objetivos del plan de ventas impulsa a los vendedores a esforzarse y a aportar información útil para el negocio. Previamente mencionamos que la segunda etapa del proceso de S&OP es planear la demanda y con ese plan se alinean todas las áreas operativas para buscar satisfacer esa demanda (planear el suministro u oferta).

En este proceso es **importante evitar los extremos**, que pueden afectar negativamente a la empresa. Por un lado, establecer metas de ventas demasiado ambiciosas puede llevar a problemas tales como inventarios excesivos de materias primas, insumos o productos terminados. Estos excedentes pueden generar dificultades y costos adicionales para la empresa. Por otro lado, un plan de ventas que no refleje adecuadamente las condiciones del mercado o la estrategia comercial puede producir dificultades para cumplir con los pedidos y requerimientos de venta, lo que afecta a la satisfacción del cliente, abre oportunidades para la competencia y daña la reputación de la empresa. Es fundamental **encontrar un equilibrio** en el plan de ventas, considerando tanto los objetivos desafiantes como las condiciones del mercado y la capacidad operativa de la empresa para asegurar un desempeño exitoso y sostenible.

Al evaluar el nivel de efectividad del plan de ventas y vincularlo a los incentivos económicos, las empresas pueden impulsar el rendimiento y el compromiso de su fuerza de ventas. Esta práctica no solo contribuye al logro de los objetivos comerciales, sino que también fortalece la cultura de cumplimiento y colaboración de la empresa, fomentando un enfoque orientado a resultados y una mentalidad de mejora continua.

Ejemplos de aplicación del análisis de la demanda en distintos tipos de empresas:

Para **empresas manufactureras**. Una empresa que fabrica ropa deportiva puede utilizar el análisis de la demanda para conocer las necesidades de sus clientes en cuanto a los tipos de productos que buscan, los materiales que prefieren, colores, texturas y los precios que están dispuestos a pagar. Con esta información, la empresa puede ajustar su producción y su logística para satisfacer la demanda de manera efectiva y eficiente.

Para **empresas del sector minorista** (*retail*). Una tienda departamental, que vende ropa y accesorios para hombres y mujeres, para realizar un análisis de la demanda debe conocer las necesidades y preferencias de sus clientes, como los tipos de prendas y accesorios que buscan, los precios que están dispuestos a pagar o las tendencias de moda que siguen, entre otros aspectos. La información obtenida permitirá planificar las compras de mercancía, ajustando el inventario y la exhibición de productos para satisfacer las necesidades de sus clientes de manera efectiva y rentable.

Para **empresas de transporte y logísticas**. Una empresa de transporte puede utilizar el análisis de la demanda para conocer las necesidades de sus clientes en cuanto a los tipos de mercancías que necesitan transportar, el volumen y peso que primordialmente requieren mover o identificar el nicho que está menos atendido para desarrollarlo, determinar cuáles son las rutas más convenientes y los precios (tarifas) que el mercado paga por tales servicios. Con esta información, la empresa puede ajustar su planeación logística (tamaño de la flota, cantidad de operadores, capacidades y configuración de las unidades) para satisfacer la demanda de manera efectiva y rentable.

Para **empresas de alimentos y bebidas**. Una empresa que produce bebidas puede evaluar el segmento de consumidores de bebidas energéticas y utilizar el análisis de la demanda para conocer las preferencias de sus clientes en cuanto a los sabores más populares, los tamaños de las porciones más vendidas y los precios. Con esta información la empresa puede ajustar el desarrollo de productos, la compra de insumos, la manufactura y su distribución para satisfacer la demanda de manera efectiva.

A través del análisis de la demanda podemos conocer las necesidades de nuestros clientes, identificar oportunidades de mejora y la diferenciación con la competencia, para de esta manera alinear las áreas operativas para satisfacer de manera eficiente y rentable estos requerimientos.

Planeación de la producción

Mejorar constantemente y para siempre el sistema de producción y servicio para incrementar la calidad y la productividad, y así disminuir constantemente los costos.

W. Edwards Deming

Ya dispones de los recursos tecnológicos, humanos y de infraestructura. Ahora ¿qué es lo que más conviene hacer con ellos? ¿Cómo se puede maximizar el beneficio para el negocio a través de su óptimo aprovechamiento? ¿Alguno de estos recursos representa, tiene o es una restricción para el sistema completo? Estas son algunas de las preguntas que debemos atender desde la perspectiva estratégica, táctica y en el operar del día a día.

La planeación de la producción es también un proceso fundamental para cualquier empresa que busque mejorar su eficiencia y reducir costos, ya que nos permite determinar la cantidad, el tiempo y los recursos necesarios para producir los bienes y/o servicios que una empresa ofrece a sus clientes.

Para implementar una estrategia de planeación de la producción efectiva es fundamental contar una **visión** clara del negocio y sus **objetivos** a largo plazo. Esto permitirá que los recursos y capacidades se establezcan de acuerdo con los planes estratégicos de la compañía.

En la planeación de la producción se consideran factores como la **capacidad de producción de la empresa**, el nivel de demanda de los clientes, los recursos necesarios para la producción, los plazos de entrega y el costo de producción, entre otros. Basándose en estos factores se establece un plan de producción que define las tareas específicas que se deben realizar, el tiempo que tomarán y los recursos necesarios para llevarlas a cabo.

Es importante entender que la planeación de la producción se enfoca en la **optimización de los recursos** y el tiempo para cumplir con la demanda del mercado. Una capacidad no utilizada representa un enorme costo de oportunidad, que se refleja en costos unitarios mayores, es decir, pérdida de rentabilidad, mientras que, por otro lado, una insuficiente capacidad (propia o de terceros subcontratados) para satisfacer la demanda significa ventas perdidas, clientes insatisfechos y reclamos por incumplimientos, que es también una pérdida de rentabilidad.

Dentro de la planeación de la producción existe un elemento altamente valioso para tener en cuenta, como es la identificación de **restricciones y cuellos de botella**, lo cual es indispensable para optimizar los resultados y minimizar los impactos negativos en la operación.

La identificación de restricciones y cuellos de botella comienza por analizar detalladamente los diferentes elementos involucrados en la producción. Es necesario evaluar la capacidad de producción de la empresa y determinar si existe algún recurso, ya sea material, humano o tecnológico que limite la capacidad de generar productos o servicios. También se deben considerar los plazos de entrega, la demanda del mercado y las capacidades de los proveedores externos.

Una vez identificadas **las restricciones y cuellos de botella**, es fundamental gestionarlos de manera efectiva. Esto implica tomar medidas para minimizar su impacto y optimizar el flujo de producción. Algunas estrategias comunes incluyen:

1. **Asignación de recursos**. Es importante asignar los recursos de manera eficiente, teniendo en cuenta las capacidades y limitaciones de cada uno. Esto puede implicar la redistribución de personal, la inversión en maquinaria adicional o la búsqueda de proveedores alternativos (maquilar).
2. **Programación flexible**. Según sea la naturaleza de nuestra operación, así debe ser el rango de flexibilidad que nos permita adaptarnos rápidamente a los cambios en la demanda o a las variaciones en los tiempos de entrega.
3. **Maximización de horarios de producción**. Es importante tener en cuenta que cada hora que no se utiliza para la producción representa un costo de oportunidad. La premisa es identificar cómo se puede aprovechar al máximo cada recurso en el tiempo. Una nota relevante: esto no

implica que los colaboradores laboren más horas de su jornada oficial como decreto, es un asunto de ingenio y habilidad en la definición de horarios y en cumplimiento de las normativas.

4. **Gestión de inventarios de insumos y materiales.** Un adecuado manejo de los inventarios puede ayudar a evitar el excedente o la falta de materiales, lo que podría generar cuellos de botella en la producción. Mantener un equilibrio óptimo de inventario es fundamental para garantizar la continuidad del proceso productivo.

5. **Optimización de flujos de procesos.** Es importante analizar los flujos y movimientos de los materiales, que sean lógicos y continuos. Esto puede implicar la implementación de tecnologías para agilizar el movimiento, así como la reorganización del flujo de trabajo.

6. **Colaboración con proveedores.** Establecer una coordinación y colaboración estrecha con los proveedores puede ayudar a mitigar restricciones y cuellos de botella. Compartir información relevante sobre la demanda, los plazos de entrega y los requerimientos de producción puede facilitar la planeación conjunta y asegurar el suministro oportuno de materiales.

La gestión de restricciones y cuellos de botella en la planeación y programación de la producción requiere un enfoque práctico hacia la mejora continua. Es fundamental monitorear y evaluar permanentemente el desempeño de los procesos para identificar desviaciones y tomar acciones de manera oportuna. Además, la implementación de sistemas de información y tecnologías puede facilitar la detección y gestión de estas restricciones.

Existen distintos enfoques dentro de la planeación de producción. Los más comunes son:

1. **Manufactura continua**. En este enfoque, también conocido como producción en masa, se produce una gran cantidad de productos de manera continua, sin interrupciones o separación de lotes.

2. **Manufactura por procesos**. El flujo de producción sigue una secuencia específica de etapas o procesos. En este caso, de la materia prima, a medida que pasa por el proceso de producción, se obtienen diferentes productos terminados. Este enfoque es el utilizado en la producción de proteínas animales, lácteos o el procesamiento del petróleo, es decir, materias primas base.

3. **Manufactura discreta**. Se refiere a la producción de productos individuales y distintos, donde cada unidad de producto es identificable y se fabrica de manera independiente. Ejemplos de industrias que utilizan la manufactura discreta son la fabricación de automóviles, electrodomésticos, muebles y productos electrónicos. En la manufactura discreta, los productos se crean en lotes o por unidades.

4. **Manufactura por proyectos**. Este enfoque se utiliza en la producción de proyectos únicos y personalizados, como la construcción de edificios, estructuras complejas o maquinaria industrial a la medida. Cada proyecto se considera como una entidad independiente y los recursos se asignan específicamente a cada proyecto.

5. **Manufactura en células de trabajo**. Este enfoque se basa en la agrupación de equipos de trabajo interdisciplinarios, conocidos como células, para llevar a cabo tareas específicas de producción. Cada célula se especializa en un conjunto de actividades relacionadas y tiene autonomía para gestionar su trabajo.

Existen también otras metodologías para optimizar los recursos y tiempos en la manufactura:

1. **Manufactura justo a tiempo (*just in time*)**. Este enfoque se centra en la minimización de inventarios, al producir los productos en el momento exacto en que se requieren. Se busca eliminar el desperdicio y optimizar la eficiencia en el flujo de producción. El JIT se utiliza en industrias donde se requiere una respuesta rápida a la demanda y una gestión eficiente de los recursos.

2. **Manufactura esbelta (*lean manufacturing*)**. Este enfoque se basa en la eliminación de desperdicios y la mejora continua de los procesos. Se enfoca en la identificación y eliminación de actividades que no agregan valor, optimizando la calidad, la eficiencia y la satisfacción del cliente.

Estos son solo algunos ejemplos de los enfoques y metodologías existentes. Cada uno conlleva consigo **buenas prácticas** y existe un enorme acervo de **modelos de referencia** y empresas que son casos de éxito y han llevado su ejecución a un nivel ejemplar de eficiencia y productividad.

En términos de **eficiencia y productividad**, la planeación de producción permite a las empresas maximizar el uso de sus recursos, reducir los tiempos de elaboración y mejorar la calidad de los productos o servicios, lo que a su vez puede aumentar la capacidad para producir más con los mismos recursos.

En términos de **rentabilidad**, la planeación de la producción tiene un impacto significativo, ya que permite adaptar su producción a la demanda del mercado y reducir los costos de manufactura. Además, una buena planeación de la producción ayudará a evitar los excedentes o faltantes de inventario, lo que reduce los costos asociados con la **gestión de inventarios** y la **liquidez** del negocio.

Para las empresas **manufactureras** la planeación de la producción es especialmente importante. La fabricación de productos requiere una planeación cuidadosa de los recursos para asegurar que se aprovechan las capacidades instaladas y coordinar que se produzcan suficientes productos para satisfacer la demanda de los clientes.

Ahora, la planeación de la producción no solo se refiere a las empresas manufactureras, sino que su aplicación es más amplia, como se ilustra en las siguientes líneas.

Para las empresas del sector **minorista** la planeación de la producción es importante para garantizar que los productos estén disponibles en el momento y lugar adecuados, es decir, gestión del inventario y la optimización de los procesos de distribución. Esto permitirá una mejor gestión de los pedidos y una mayor eficiencia en la cadena de suministro. La planeación de la producción debe considerar la demanda de los clientes, la disponibilidad de los productos y la logística de la entrega.

En el caso de empresas **de transporte y logística,** la planeación de la producción se enfoca en la **gestión de la flota y de los conductores** y su aprovechamiento o productividad en tiempo y distancia. También implica la **gestión de rutas y servicios,** así mismo entran en consideración los horarios y las localidades de entrega. Esto permitirá una mayor eficiencia en la gestión de los recursos y una reducción de los costos asociados.

Para empresas de **alimentos y bebidas**, la planeación de la producción se enfoca en la gestión de inventarios y la optimización de los procesos de manufactura y el cumplimiento de las normativas sanitarias, es decir, implica la gestión de los insumos e ingredientes y la elaboración de sus productos. La planeación de la producción también debe considerar la vida útil de los productos y la logística de la entrega. Esto permitirá una mejor gestión de los recursos y una mayor eficiencia en la producción.

La planeación de la producción es esencial para cualquier empresa que desee operar de manera eficiente y efectiva y es especialmente importante para garantizar que los productos estén disponibles en el momento y lugar adecuados.

Planeación de compras y surtido

Un experto es alguien que ha logrado simplificar la toma de decisiones y los juicios al saber a qué prestar atención y qué ignorar.

Edward de Bono

La planeación de compras y surtido es un proceso clave dentro de la gestión de operaciones de cualquier empresa. Este proceso de toma de decisiones permite asegurarse de que se reciben los materiales y se cuenta con el inventario adecuado para satisfacer la demanda de sus clientes, al mismo tiempo que se minimizan los costos de almacenamiento y se eliminan las pérdidas por obsolescencia.

Una vez que se tiene el plan de ventas, reflejando la demanda del mercado, es necesario establecer **un plan de compras** que permita a la empresa cumplir con esa demanda de manera eficiente, es decir, el plan de compras y aprovisionamiento se desarrolla alineado con la planeación de la demanda. Aunado a ello, esto requiere del establecimiento de la **política de inventario** claramente definida, desarrollar relaciones sólidas con los proveedores y diseñar procedimientos eficientes para la gestión de pedidos y entregas.

Es importante resaltar que la planeación de compras y surtido no es un proceso estático o aislado, sino que debe ser continuamente evaluado y ajustado para adaptarse a los cambios en la demanda y las necesidades de los clientes (plan de ventas y pedidos). Por lo tanto, es igualmente fundamental contar con herramientas de análisis y evaluación del desempeño de los procesos de la empresa (*KPIs*) a los que nos hemos referido con anterioridad para la toma de decisiones.

Implementar un proceso de planeación de compras y surtido efectivo ayuda a las empresas a optimizar sus operaciones, reducir costos y mejorar la satisfacción del cliente.

Planeación de la distribución

Si realmente quieres hacer algo, encontrarás la manera. Si no lo haces, encontrarás una excusa.

Jim Rohn

La planeación de la distribución es un proceso estratégico y táctico, utilizado para optimizar la distribución de los materiales necesarios en una empresa. Consiste en planear y programar de manera eficiente la entrega y distribución de los materiales, con el objetivo de garantizar la disponibilidad oportuna de los mismos en los puntos de uso o consumo. Esta **buena práctica** es aplicable tanto para recibir materiales que la empresa utiliza para su procesamiento como para distribuir sus productos a sus tiendas o clientes, es decir, aplica en ambos sentidos del flujo de materiales, tanto de entrada como de salida. Detallaremos un poco más.

La planeación de la distribución se aplica tanto en el **flujo de entrada** como en el de salida de materiales. En el caso de los materiales de entrada, se planifica y programa su entrega de manera eficiente, teniendo en cuenta la demanda, los plazos, las cantidades requeridas y otros factores relevantes. Esto asegura que la empresa cuente con los materiales necesarios para llevar a cabo sus procesos de producción y/o comercialización de manera efectiva.

Por otro lado, en el **flujo de salida** la planeación de distribución la aplicamos, por ejemplo, para la distribución de los productos terminados a través de una red de tiendas o directamente a los clientes. Se planifican las rutas de transporte más eficientes, se coordinan los envíos y se asegura que los productos lleguen a su destino en el momento adecuado.

La planeación de la distribución abarca diversos aspectos, como son la identificación y análisis de las necesidades de materiales, teniendo en cuenta la demanda, los requisitos de producción y consumo, así como los plazos y cantidades necesarias. Además, se consideran factores como el tamaño del lote o la cantidad mínima de pedido, así como las capacidades del almacén de recepción. Basándose en esta información se establece la programación de entrega de los materiales, determinando el momento y la frecuencia adecuados para abastecer cada punto de procesamiento o venta de manera óptima.

Además, la planeación de la distribución está ligada a la planeación de entregas y la selección de modos de transporte más eficientes. En este proceso también se deben considerar factores como la distancia a recorrer, la capacidad de carga de los medios de transporte, los tiempos de tránsito y las especificaciones particulares de los productos: si son carga seca o requieren cadena de frío o temperatura controlada, entre otras. Todo esto permite optimizar los costos logísticos y los tiempos de entrega.

Para poder llevar a cabo la planeación de la distribución de forma efectiva es necesario que exista un cohesionado trabajo de equipo y una coordinación precisa entre los diferentes actores que participan en el proceso. La comunicación clara y formal a través de documentos e indicadores es determinante, tanto con proveedores y transportistas como con las áreas internas. Se busca asegurar un flujo eficiente y sin interrupciones de los materiales para cada uno de los puntos o nodos de nuestra cadena de valor al costo óptimo, evitando la escasez y el exceso de inventario.

Para las empresas **manufactureras**. La planeación de la distribución les ayuda a calcular los requerimientos de materiales basándose en las previsiones de la demanda, a generar órdenes de compra para los proveedores, a controlar la calidad y la conformidad de los materiales y a elaborar planes y cronogramas de compras.

Para las empresas **minoristas**. Permite optimizar el nivel y la ubicación de los inventarios, tanto en centros de distribución como en tiendas, lo que a su vez reduce los costos asociados al almacenamiento y transporte. Además, contribuye a mejorar el servicio al cliente, al asegurar una disponibilidad adecuada de productos en cada punto de venta, lo cual impulsa las ventas y fortalece la satisfacción del cliente.

Para las empresas de **logística y transporte**. La planeación de la distribución posibilita la gestión y el seguimiento de las entregas, lo que les permite minimizar los tiempos de espera y evitar retrasos en el servicio. Además, les ayuda a gestionar de manera eficiente su flota de vehículos y operadores, optimizando los recursos y mejorando la eficiencia operativa en general.

Para las empresas de **alimentos y bebidas**. La planeación de la distribución les ayuda a asegurar la distribución de sus productos, evitando la caducidad, previniendo el desabastecimiento y el desperdicio. También facilita adaptarse a las fluctuaciones estacionales, cumpliendo con las normativas y regulaciones sanitarias.

La planeación de la distribución contribuye a mejorar la eficiencia operativa, a reducir los costos de almacenamiento y transporte y a garantizar la disponibilidad oportuna de los materiales necesarios en los puntos de uso o consumo.

La idea clave de la planeación de ventas y operaciones (S&OP)

Retomando la idea, podemos decir que el proceso comienza por determinar qué y cuánto vamos a vender. Una vez que tengamos esa información, nos enfocamos en cómo lograrlo, ya sea produciendo o adquiriendo los productos necesarios, para luego colocarlos en los lugares donde los clientes los necesitan. Posteriormente, revisamos escenarios y alcanzamos acuerdos entre los responsables de las áreas y, a continuación, establecemos un **consenso** con métricas operativas y financieras aprobado por el líder, asegurando que todos estemos **alineados con**

el mismo plan y nos comprometamos a cumplirlo. Durante la ejecución **mediremos el desempeño**, utilizando **indicadores** para evaluar nuestra **efectividad en los resultados** y realizar los ajustes necesarios.

CAPÍTULO 4°

PRÁCTICAS DE CADENA DE SUMINISTRO

Prácticas de cadena de suministro

Desde el inicio del libro nos comprometimos a abordar algunas buenas prácticas complementarias a la planeación de ventas y operaciones. Estas prácticas son indispensables para ligar la estrategia con su ejecución en el día a día del negocio. Si las dejáramos fuera sería insuficiente para cumplir con nuestro propósito de compartir las buenas prácticas de las grandes empresas.

En el capítulo anterior revisamos los elementos o procesos clave de la planeación de ventas y operaciones. Ahora veremos cómo estos procesos están estrechamente ligados a las buenas prácticas que en su conjunto se conocen dentro de las empresas como Gestión de Cadena de Suministro. En las siguientes páginas abordaremos las prácticas más relevantes.

En cada concepto iniciaré citando algunos de los comentarios más comunes que escuchamos de roles o puestos dentro de las empresas. Representan formas incorrectas de observar y entender una problemática. Lo más complicado y desafiante para el desarrollo de la organización es cuando el líder, desde su gestión, es el elemento que lo está bloqueando. A través de estas notas, te mostraré otras perspectivas más efectivas para resolver y encarar los desafíos con éxito.

Gestión de inventarios

Tengo graves problemas de liquidez en mi negocio.

Comerciante

En nuestra experiencia nos hemos encontrado con numerosos casos donde el problema de falta de liquidez es en realidad una consecuencia directa de la inadecuada gestión del inventario. A menudo se confunden los efectos con la verdadera raíz del problema.

La gestión de inventarios es uno de los procesos más importantes en cualquier empresa. Una gestión adecuada del **inventario puede marcar la diferencia entre el éxito y el fracaso de una empresa**, por lo que es fundamental que se implementen procesos precisos y eficientes.

En primer lugar, es importante tener un **control preciso del inventario**. Esto significa llevar un registro detallado de todas las existencias de la empresa, desde el número de unidades hasta su ubicación en el almacén. Con ello se dispone de una visión clara **del inventario disponible**. Dentro de ello se deben realizar algunas **buenas prácticas,** como realizar un inventario físico periódico y llevar un registro actualizado de las entradas y salidas de productos. Esto permitirá tener control del inventario en todo momento y evitar problemas como la **falta** de mercancía (agotados o *stockouts*) o la acumulación de productos **excedentes y obsoletos (E&O)**.

La *NC State University* tiene publicado un artículo que ilustra bastante bien la serie de eventos desafortunados alrededor de los **Excedentes y Obsoletos (E&O)** y las seis causas más comunes que los originan. Se puede consultar a través del código QR situado a la derecha de este párrafo o haciendo clic sobre el mismo (en edición digital).

Es importante también establecer un **sistema de clasificación de productos** que permita identificar aquellos que son más relevantes para el negocio y que requieren una gestión más cuidadosa. Esto se puede hacer con los principios de Pareto (80/20), utilizados en la **buena práctica** de ABC que recomienda ASCM (antes APICS). Esto permitirá priorizar la gestión de estos productos y asegurar un buen **nivel de servicio al cliente**, sin caer en obsolescencia por falta de venta o rotación.

Aunado a la práctica de la clasificación de productos está también la **administración del ciclo de vida** de las existencias, esto es, la gestión que cada producto tiene para ser dado de alta, baja o cambiar su clasificación o estatus. La administración del ciclo de vida también está regulada por las políticas que la compañía haya establecido, alineadas a su estrategia, y viene acompañada de indicadores de desempeño específicos de cada producto y categoría para la toma de decisiones. Algunas empresas no cuentan con esta **buena práctica** y van «engordando» cada vez más su portafolio y, con ello, comprometiendo la rentabilidad y liquidez (flujo de efectivo) del negocio.

Existen tres clasificaciones para los materiales en función de cómo se manejan dentro de la empresa o sus localidades:

1. **Productos a mantener en inventario (*make to stock*).** Estos productos se mantienen en inventario en base a la demanda esperada y los niveles de inventario establecidos. Por ejemplo, si el plan de demanda establece que se espera vender 500 unidades del producto «A» para la semana 20 del año actual, se mantendrá un nivel de inventario de acuerdo con los límites mínimos y máximos establecidos.
2. **Productos que se manejan solo bajo pedido (*make to order*).** Estos productos se fabrican o se adquieren únicamente cuando se recibe un pedido o una orden de compra del cliente. En el ejemplo anterior, si el producto «A» se clasifica como *make to order*, solo se producirá o se comprará cuando se reciba el pedido específico del cliente.
3. **Productos que se personalizan según las características del cliente (*engineer to order*).** Estos productos se procesan de acuerdo con las especificaciones o requerimientos específicos del cliente. Cada producto se adapta a las necesidades y preferencias del cliente antes de su producción o adquisición.

Un ejemplo práctico de estas clasificaciones se encuentra en el proceso de planeación de la demanda, la producción, las compras y la distribución. Identificar la clasificación adecuada de los productos en relación con su **uso o consumo** es esencial para una planeación efectiva.

Además, la gestión de inventario también se relaciona con la optimización de los niveles de ocupación de un almacén. Es decir, encontrar el **equilibrio** adecuado entre tener suficiente inventario para satisfacer la demanda del mercado y no incurrir en costos innecesarios de almacenamiento y manejo de inventario. Una buena estrategia puede ser implementar un sistema de **rotación de inventario** para asegurarse de que los productos más antiguos se vendan primero y no se queden obsoletos.

Un *software* de gestión de inventario puede ayudar a mantener un registro preciso y actualizado en todo momento, *recordando que debemos empezar por tener los controles y procesos definidos*. Existen muchas **herramientas tecnológicas** para llevar un control preciso del inventario, lo que incluye sistemas de gestión de almacenes (*WMS*), sistemas de control de inventario (*ICS*) y sistemas de planeación de recursos empresariales (*ERP*). Estas herramientas proporcionan información en tiempo real sobre el inventario disponible, las compras pendientes y los pedidos por entregar, lo que permite tomar decisiones informadas y optimizar la gestión del inventario.

No es imprescindible tener la herramienta más avanzada, pero una vez que se tienen procesos y **controles efectivos**, es totalmente recomendable implementar una herramienta tecnológica o *software* que facilite el registro y control de cada pieza de material, su ubicación, fecha de entrada y costo, entre otros controles, de manera electrónica. Esto puede permitir mejorar la eficiencia de las tareas, optimizar los tiempos y aumentar la **productividad** de la empresa.

En cuanto a las políticas de inventario, es importante establecer niveles de **inventario mínimos y máximos para cada producto y localidad (*SKU-L*)**, de manera que se pueda garantizar la disponibilidad de los productos para los clientes sin incurrir en costos excesivos de almacenamiento. Enfatizamos la importancia de establecer políticas de **rotación de inventario** para evitar la obsolescencia y la pérdida de valor de los productos almacenados durante períodos prolongados. Dentro de las políticas deben estar establecidos los plazos para reordenar y recibir productos, así como los criterios para retirar productos obsoletos o dañados, pero, sobre todo, para tomar decisiones y evitar caer en la obsolescencia.

Estas **políticas** deben ser comunicadas claramente a todo el personal involucrado en la gestión de inventario: los equipos de ventas, de compras y de almacén. Y deben ser **revisadas periódicamente** para asegurarse de que sigan siendo relevantes y efectivas. Dejar que el equipo de ventas defina estas políticas o tome estas decisiones sin contrapesos para que asuman su responsabilidad en la venta del inventario puede conllevar serios problemas de saturación de almacenes, retrasos en las entregas, daño de mercancía, productos obsoletos y falta de liquidez o flujo de efectivo, problemas que en la dinámica del día a día no alcanzamos a ver su origen verdadero y lo más fácil es caer en un **juego de echarse culpas** entre áreas.

Adicionalmente, es fundamental establecer un sistema **con indicadores de desempeño de control y seguimiento** de inventario que permita detectar posibles problemas de forma anticipada. Esto incluye la realización de análisis periódicos de los niveles de inventario, la identificación de productos obsoletos o en riesgo de caducidad y la implementación de medidas correctivas para evitar situaciones de riesgo.

Otra **buena práctica** es **conectar el plan de ventas con los indicadores de desempeño del inventario,** así podremos obtener información valiosa para la toma de decisiones. Imaginemos que tenemos un informe que muestra altos niveles de existencia en ciertos artículos: al utilizar estos indicadores conectados podemos identificar qué canales de venta o segmentos de clientes están teniendo un bajo desempeño en la venta planeada. Esta conexión nos permite tomar decisiones informadas y podremos optimizar nuestras operaciones y enfocar nuestros esfuerzos en áreas específicas que requieran atención.

Una gestión adecuada del inventario es fundamental para el éxito de cualquier empresa. Es una práctica que permite mejorar su eficiencia, reducir costos, mejorar su rentabilidad y liquidez y asegurar la satisfacción del cliente.

Gestión de almacenes

Necesito ampliar mi capacidad de almacenaje.

Director

No nos oponemos al crecimiento de las capacidades operativas del negocio, todo lo contrario, somos los primeros en impulsarlo, pero hay una total y rotunda diferencia entre ampliar capacidades operativas y ampliar las ineficiencias operativas. Creer que ampliar los metros cuadrados de espacio para almacenar más producto porque en el espacio actual ya no cabemos es tomar una decisión incompleta y muchas veces equivocada.

La gestión de almacenes es el proceso que permite organizar, controlar y optimizar el flujo de materiales y productos de un almacén. Es una parte esencial de la cadena de suministro, ya que permite reducir los costos operativos, mejorar el servicio al cliente y aumentar la eficiencia. La gestión de almacenes implica actividades como la recepción, el almacenamiento, la preparación y despacho de pedidos y el control de cada una de estas actividades. Este proceso está estrechamente ligado con la gestión de inventarios.

La gestión de almacenes implica una serie de funciones esenciales para garantizar un flujo de los productos a través de un almacén, centro o depósito (términos comúnmente utilizados). Las funciones más relevantes son:

1. **Recepción y verificación de mercancías**. El proceso comienza con la recepción de los productos entrantes. Los almacenes deben verificar y registrar adecuadamente la cantidad y calidad de los productos recibidos para evitar errores y discrepancias posteriores. Una **buena práctica** también incluye el proceso de agendar citas para la recepción, lo que permite coordinar las operaciones entre las distintas áreas.

2. **Almacenamiento y organización**. Una vez recibidos, los productos deben ser almacenados de manera ordenada y eficiente. Esto implica asignar ubicaciones adecuadas dentro del almacén, teniendo en cuenta factores como el tamaño, el peso, las características de los productos y los requisitos de almacenamiento (temperatura controlada, regulaciones sanitarias u otra condición).

3. **Control de inventario**. La gestión de almacenes implica la ejecución de algunas de las **buenas prácticas** de gestión de inventario que previamente discutimos en la operación del almacén. Por ejemplo, llevar el registro actualizado de las existencias, realizar conteos periódicos o cíclicos, verifican-

do y asegurando que se cuenta con la disponibilidad teórica y física correcta de los productos en todo momento.

4. **Preparación de pedidos**. Una vez recibidos los pedidos de los clientes, se realiza el proceso de preparación de pedidos, que consiste en seleccionar los productos requeridos en el pedido y prepararlos para su envío. Este proceso debe ser eficiente y preciso para garantizar la satisfacción del cliente y evitar errores en la entrega.

Es fundamental **alinear la estrategia comercial de la empresa con la gestión de almacenes** para lograr una operación óptima y diseñar un almacén que satisfaga de manera eficiente la demanda de los clientes, considerando su perfil y canal de ventas específicos.

Un aspecto clave es adaptar el diseño y la distribución del almacén en función de las necesidades de los clientes. Por ejemplo, si la empresa atiende a clientes que realizan pedidos de **grandes volúmenes**, es necesario habilitar estantes o *racks* para tarimas y utilizar equipo especializado, como montacargas. Esto permitirá maximizar el espacio de almacenamiento y facilitar la movilidad de grandes cantidades de productos.

Por otro lado, si la empresa atiende pedidos de clientes que demandan **volúmenes más pequeños** y requieren un alto nivel de *picking* (surtir piezas individualmente), es recomendable implementar estrategias como el uso de bandas transportadoras para agilizar el flujo de productos, la gestión electrónica de pedidos para minimizar errores y retrasos y la utilización de lectores de códigos de barras para asegurar la precisión en el proceso de recolección.

Si la empresa lleva a cabo **ambos procesos en el mismo centro**, una **buena y efectiva práctica** es dedicar espacios especializados dentro del almacén para cada tipo de operación. Esto permite mantener un orden adecuado y facilita la medición precisa de la productividad de la fuerza laboral. Además, un control adecuado del inventario se puede lograr al asignar zonas específicas para el almacenamiento de productos según su naturaleza, características o demanda. Esto ayuda a evitar confusiones, reducir los tiempos de búsqueda y agilizar los procesos de recepción y despacho.

5. **Preparación y carga de embarques**. Cada pedido está ligado a un embarque. El embarque se conforma con uno o más pedidos. Dependiendo del tipo de operación, el embarque representa la carga que llevará a bordo una unidad de transporte, un remolque o un contenedor. En esta etapa se valida el surtido completo de lo solicitado, también se verifica que se cumplan los requisitos del cliente y se atiendan las regulaciones y controles internos para la preparación del embarque y la carga de las unidades de transporte.

   De acuerdo con el volumen, tipo de mercancía y especificaciones de embarque, los pedidos se cargan manualmente o a través de equipos especializados de carga. Existen desde controles manuales y semiautomáticos hasta los que son totalmente automáticos a través de robots, sensores, lectores y cámaras inteligentes.

6. **Despacho de embarques**. Una vez concluido el proceso de carga satisfactoriamente y de acuerdo con los requisitos establecidos, se procede a liberar la unidad para que ejecute su viaje. Es el pase de estafeta, ahora al área a cargo de ejecutar su entrega.

   Los siguientes dos puntos son funciones de nivel táctico y estratégico, respectivamente.

7. **Optimización de espacios y flujos**. La gestión de almacenes busca maximizar la utilización del espacio disponible en el almacén. Esto implica optimizar la distribución de los

productos y diseñar flujos de trabajo eficientes para minimizar los tiempos de desplazamiento y maximizar la productividad del personal. Por ejemplo, si utilizamos *racks* (estantes), los productos de menor rotación deben ir en los niveles superiores y los de mayor rotación en los niveles inferiores. Lo mismo pasa con la cercanía al andén, es decir, los de mayor rotación irán colocados más cerca del andén y los más lentos, al fondo.

8. **Seguimiento y control**. La gestión de almacenes implica llevar un seguimiento constante del desempeño de los procesos y actividades en el almacén. Esto se logra mediante el uso de los ya referidos *KPIs* y del adecuado aprovechamiento de los sistemas de información y tecnologías que permiten monitorear el movimiento de los productos, la productividad del personal y la eficiencia de la operación.

9. **Diseño de los almacenes**. El diseño de los almacenes es un aspecto fundamental en la operación de una empresa. Implica planear y estructurar físicamente el espacio de almacenamiento de manera óptima para garantizar una operación eficiente. Al diseñar los almacenes es necesario considerar diversos factores, como la capacidad de almacenamiento requerida (alineada al plan de ventas y la estrategia comercial), la disposición de los estantes y *racks*, la distribución de las áreas de recepción y despacho y la implementación de sistemas de flujo de materiales y equipos adecuados. Además, se deben tener en cuenta las **normas de seguridad** y cumplir con los **requisitos normativos** aplicables. Un diseño de almacén bien pensado y adaptado a las necesidades de la empresa contribuye a agilizar los procesos de recepción, almacenamiento y preparación de pedidos, optimizando los tiempos de respuesta y minimizando los errores. Asimismo, permite una mejor utilización

del espacio disponible, maximizando la capacidad de almacenaje y facilitando la gestión del inventario. El diseño de los almacenes debe ser **flexible y escalable**, de modo que pueda adaptarse a los cambios en la demanda y al crecimiento de la empresa.

La gestión de almacenes desempeña un papel crucial en la empresa, al garantizar un almacenamiento eficiente, un control preciso del inventario y una preparación correcta de pedidos. La implementación de tecnologías y herramientas adecuadas, tales como sistemas de gestión de almacenes (*WMS*), puede mejorar significativamente la eficiencia y efectividad de estas actividades, permitiendo la optimización de los recursos disponibles. Esto, a su vez, contribuye a la mejora del servicio al cliente, la reducción de costos y el éxito general de la empresa.

Realmente, ¿necesitas más espacio para expandir tus capacidades y dar soporte a tu estrategia de crecimiento o está tu almacén lleno de ineficiencias que ya te impiden operar correctamente? ¿Cuál es el desempeño de los procesos de almacén? ¿Qué tan eficiente es tu operación? ¿Ya tienes los indicadores correctos?

Gestión de transporte

Hay que tener más unidades de transporte para mejorar el servicio al cliente.

Gerente de ventas al gerente de logística

El transporte es por su naturaleza el último eslabón de la cadena de valor en dar la cara por la empresa frente al cliente durante el proceso de la entrega. Ya sea si es para llevar una pizza o un camión completo de mercancía, todos los esfuerzos, aciertos o desaciertos en los que incurre la empresa desde el registro del pedido hasta la entrega son determinantes para hacer posible cumplir con los requerimientos del cliente y lograr la **orden perfecta.**

Siendo el último eslabón, acaba siendo, paradójicamente, el primero al que queremos responsabilizar ante un incumplimiento, propio o ajeno. Esto no es cuestión de injustas imputaciones de responsabilidad ante incumplimientos, se trata de **generar valor** para la empresa a través de una adecuada gestión del transporte, siendo tanto un diferenciador positivo en el servicio al cliente como un área que aporta eficiencias al negocio.

La gestión del transporte se refiere al proceso de planear, coordinar, ejecutar y controlar las actividades relacionadas con el movimiento de mercancías, productos o personas de un lugar a otro. Llamamos a esto la estrategia de transporte o la estrategia de movilidad. Implica la toma de decisiones estratégicas, tácticas y operativas para asegurar que los bienes o personas sean movilizados de manera eficiente, segura y oportuna.

La gestión del transporte es en sí misma un conjunto de procesos como son:

1. **Gestión de los proveedores de servicio y tarifas de transporte.** Incluye la selección de los proveedores de transporte, estableciendo acuerdos formales y contractuales, negociar tarifas, evaluar y medir su competitividad y mantener una relación de colaboración.
2. **Programación de cargas.** Se refiere a la planeación y coordinación de los horarios de carga, tránsito y entrega de la carga. Esto implica considerar la disponibilidad de recursos, la capacidad de los proveedores de transporte y las necesidades de los clientes.
3. **Diseño de rutas de transporte óptimas.** Implica planificar las rutas más eficientes para minimizar la distancia y optimizar el tiempo de entrega. Esto incluye considerar as-

pectos como las restricciones viales o carreteras o los horarios permitidos de circulación, las restricciones de carga y descarga o la disponibilidad de flota, entre otras.

4. **Selección del modo de transporte**. Consiste en evaluar y elegir el modo de transporte más apropiado para cada tipo de carga, considerando factores como la naturaleza de los productos, la distancia a recorrer, los plazos de entrega, los costos y las restricciones logísticas.

5. **Seguimiento de la carga.** Consiste en monitorear y rastrear el movimiento de la carga en tiempo real. Esto permite tener visibilidad sobre la ubicación y el estado de los envíos, lo que facilita la toma de decisiones y la comunicación con los clientes (en el apartado de gestión de la cadena de suministro. Más adelante hablaremos con mayor detalle al respecto).

6. **Evaluación del desempeño de los proveedores de transporte**. Consiste en evaluar y monitorear el desempeño de los proveedores de transporte en términos de cumplimiento de acuerdos de servicio en tiempos, calidad, capacidad de respuesta y otros indicadores de satisfacción del cliente.

7. **Gestión de costos de transporte**. Se refiere al control y la optimización de los gastos asociados al transporte, tales como sueldos, combustible, peajes, mantenimiento o seguros, entre otros. Implica la implementación de estrategias para reducir gastos innecesarios y maximizar la eficiencia operativa.

    Dentro de esto, es fundamental aprovechar al máximo la **capacidad de carga** en cada embarque, ya que desaprovecharla representa una pérdida de recursos y rentabilidad. Y el extremo contrario, la sobrecarga, equivale a un desgaste prematuro del tren motriz, sistema de suspensión, dirección y frenos, que también representa una pérdida de recursos y rentabilidad.

8. **Gestión de la seguridad.** Se refiere a implementar medidas y protocolos para garantizar la seguridad de la carga y los operadores, además de mitigar los riesgos que conlleva el proceso de transporte. Esto implica también cumplir con regulaciones de seguridad vial, utilizar tecnología de seguimiento y asegurar la integridad de la carga durante la ejecución del viaje.

9. **Cumplimiento normativo en el transporte.** Consiste en cumplir con las regulaciones y normativas establecidas para el transporte de mercancías o personas, como permisos, licencias, documentación fiscal (carta porte y complemento de carta porte, por ejemplo) y normas medioambientales.

El objetivo principal de la gestión de transporte es garantizar que los productos o personas lleguen a su destino final de manera efectiva y cumpliendo con los requisitos establecidos, al mismo tiempo que se busca minimizar los costos, maximizar la eficiencia y cumplir con los plazos de entrega, contribuyendo al éxito de la estrategia comercial y al cumplimiento de los compromisos con los clientes.

¿Has hecho una verdadera y objetiva evaluación de tu *Performance*, Procesos, Prácticas y Personas en la gestión de transporte? ¿Qué descubriste? Si no lo has hecho, estás dejando pasar una gran oportunidad para generar valor en tu empresa o quizás, peor aún, ¿estás viviendo un juego de culpas y reclamos entre áreas?

Planeación de entregas

Le acabo de decir a los clientes que aquí les vamos a entregar en el mismo día.

Director comercial

Te lo aseguro, si no has alineado tu estrategia comercial con la estrategia de las áreas operativas, incluyendo la de transporte, estás generando un caos para ti mismo como responsable de la empresa y estás dejando una gran suma sobre la mesa.

La planeación de entregas conlleva la gestión de rutas y la gestión de la flota, desempeñando un papel fundamental en cualquier empresa que tenga su **propia flota de transporte**, y vital en las **empresas de transporte y logística**, ya que permite optimizar y el equipo de operadores, el uso de los vehículos y reducir los costos operativos de manera significativa. Al planificar estos recursos de manera adecuada, se garantiza una entrega eficiente y puntual de los pedidos, lo que mejora la satisfacción del cliente y aumenta la rentabilidad del negocio.

Para llevar a cabo una **planeación de entregas** es crucial tener en cuenta varios factores clave. En primer lugar, es importante identificar la demanda y requerimientos de los productos y evaluar la capacidad de los vehículos para transportarlos y la disponibilidad de la flota. Además, se deben **determinar las rutas más eficientes**, los tiempos de entrega y considerar las **ventanas horarias de servicio**, así como los programas de **mantenimiento** y reparación de los vehículos.

En la **estrategia comercial orientada al servicio al cliente** se pueden distinguir dos enfoques principales:

1. **Enfoque de rapidez en las entregas**. Algunas empresas priorizan la velocidad en la entrega como un factor clave para brindar un excelente servicio al cliente. El objetivo principal es satisfacer la necesidad de los clientes de recibir sus productos o servicios en el menor tiempo posible, lo cual fomenta la fidelidad y la satisfacción. Un ejemplo claro de esta estrategia son las pizzerías que ofrecen servicio de entrega a domicilio en un plazo corto de tiempo. Para lograrlo, utilizan vehículos ligeros y ágiles, como motocicletas, que se ajustan a las demandas de productos y cantidades de los clientes.

2. **Enfoque de cumplimiento de entregas a un costo óptimo**. Otras empresas se centran en lograr un equilibrio entre el servicio al cliente, la eficiencia operativa y los costos logísticos relacionados con la distribución. Por supuesto, así como es relevante y se reconoce la importan-

cia de las entregas a tiempo, de igual manera las empresas buscan maximizar la rentabilidad y controlar los gastos relacionados con el transporte. Es fundamental encontrar un **balance** adecuado entre la calidad del servicio y la optimización de costos para lograr la satisfacción del cliente y la eficiencia operativa.

Es evidente que diseñar una estrategia alineada con las necesidades del cliente es fundamental para cualquier negocio. Por ejemplo, resulta obvio que ninguna empresa de *pizzas* utilice un camión de carga para realizar las entregas. Sin embargo, es sorprendente la cantidad de recursos que algunas empresas desperdician al no alinear de manera adecuada su estrategia comercial con la estrategia de entregas. Es esencial optimizar los recursos y seleccionar las mejores opciones de entrega, que se ajusten tanto a las necesidades del cliente como a los objetivos de rentabilidad de la empresa.

Para lograr este equilibrio se implementan diversas estrategias y **buenas prácticas**. Una de ellas es la consolidación de cargas, que consiste en combinar varios pedidos de diferentes clientes en un solo envío. Esto reduce los costos de transporte, al aprovechar al máximo la capacidad de los vehículos y minimiza el número de viajes necesarios. Asimismo, se busca optimizar las rutas de entrega, utilizando tecnologías y herramientas especializadas, que permiten encontrar la manera más eficiente de llegar a los destinos, considerando factores como la distancia, el tráfico y las restricciones operativas.

Además, estas empresas suelen establecer alianzas estratégicas con proveedores logísticos, negociando acuerdos favorables en términos de tarifas y servicios. Esto les permite acceder a una red de distribución confiable y eficiente, aprovechando la experiencia y los recursos de terceros especializados en esa operación.

Es importante destacar que, aunque estos enfoques pueden parecer contrarios entre sí, una **buena práctica** que muchas empresas aplican es encontrar **un equilibrio que combine la entrega rápida y confiable con costos eficientes**, que, como hemos observado, aun cuando la rapidez en la entrega es el enfoque que tiene la pizzería, utiliza unidades ágiles y ligeras, que le permiten alcanzar ese punto óptimo entre servicio y costo. Lograr este punto óptimo requiere diseñar una estrategia comercial de servicio al cliente congruente y alineada con la **segmentación de clientes** previamente mencionada.

Esto implica comprender las demandas y preferencias de los diferentes segmentos de clientes, así como optimizar los recursos y procesos para garantizar una entrega eficiente. Al diseñar una estrategia adecuada para cada **perfil de cliente y canal de ventas**, las empresas pueden ofrecer un servicio al cliente excepcional, que cumpla con las expectativas y necesidades específicas de cada segmento, al tiempo que se mantienen los costos en un punto óptimo y competitivo. El éxito radica en encontrar el **equilibrio** adecuado para brindar un servicio al cliente de calidad, maximizar la satisfacción y lealtad de los clientes con el costo de servir.

La utilización de herramientas tecnológicas es altamente recomendable para lograr una planeación de entregas eficiente. Estas herramientas posibilitan un **seguimiento en tiempo real** de los operadores, vehículos y las mercancías transportadas, al tiempo que permiten la evaluación del **cumplimiento** del plan de entregas en términos de **ubicación** y **horario** acordado. Con todo ello se pueden tomar decisiones fundamentadas ante cualquier imprevisto, garantizando así un **nivel de servicio** óptimo para el cliente.

Un indicador de desempeño altamente valioso en la **gestión de servicio al cliente** es evaluar el **cumplimiento del plan de entregas**. Este indicador proporciona información clave sobre la efectividad de una empresa para cumplir con los compromisos de entrega, ya sea en términos de cantidad, plazos y ubicación acordados con los clientes. Evaluar el cumplimiento del plan de entregas en todo momento brinda una visión clara del nivel de efectividad operativa y permite identificar posibles desviaciones o áreas de mejora en el proceso logístico. Además, este indicador tiene un impacto directo en la **satisfacción del cliente**, ya que una entrega puntual y precisa contribuye a generar confianza, fidelidad y mejora la reputación del negocio. Al monitorear y evaluar de manera constante el cumplimiento del plan de entregas, las empresas pueden tomar acciones correctivas oportunas, optimizar sus operaciones y garantizar una experiencia satisfactoria para sus clientes.

La planeación de entregas es un aspecto clave para las empresas, que puede marcar la diferencia entre el éxito y el fracaso en la ejecución de su **estrategia comercial**. Al implementar una práctica de planeación de entregas, tener un diseño adecuado de la flota y contar con un equipo de trabajo comprometido, las empresas pueden optimizar el uso de sus vehículos, reducir costos, mejorar la satisfacción del cliente y aumentar su rentabilidad.

¿Y tú, alguna vez has entregado *pizzas* en un camión de carga? ¿Sabes cuál fue la rentabilidad de esas entregas? ¿Sabes cuánto has dejado de ganar por ello? Afortunadamente, al darte cuenta y evaluar tu desempeño, tendrás los elementos para actuar y resolver. ¿Cuándo lo atiendes?

Servicio al cliente

Tenemos 98.9% de nivel de servicio al cliente.

Gerente general

En otros momentos del texto nos hemos referido al servicio al cliente sin adentrarnos en ello, consideramos que hemos llegado al punto más oportuno para abordarlo.

La gestión del servicio al cliente, aunque se refiere a la gestión del servicio a lo largo de toda la cadena de suministro, desde el registro de las órdenes o pedidos hasta su entrega al cliente; sus principales indicadores de desempeño se refieren a la evaluación del cumplimiento a las entregas, es decir, evaluar si cumplimos con el volumen o cantidad solicitada por el cliente, y si lo entregamos en el tiempo correcto. Este indicador refleja el nivel de **con-**

fiabilidad de nuestra empresa. Dicho de otra forma, responde a la pregunta, ¿qué tan confiable es la empresa para satisfacer los requerimientos de los clientes?

Nos hemos encontrado con empresas que optan por evaluar la cantidad facturada en comparación con la cantidad solicitada en un periodo de tiempo, ya sea semanal o mensual, y a eso le llaman **nivel de servicio**. Sin embargo, esto no solo es incorrecto; tampoco contribuye a mejorar el desempeño. Es una evaluación mediocre, y entre mayor sea el volumen que la empresa maneja, peor resultará utilizar esta métrica.

Retomando la idea: desde el registro de las órdenes empieza el servicio al cliente, este proceso debe ser sencillo, amigable y adaptarse a las necesidades del cliente. Imaginemos, por ejemplo, que somos una empresa de restaurantes o cafeterías, con tres canales de venta: el servicio de comer en el lugar, el servicio de ordenar y recoger en ventanilla, y ordenar en línea para entrega a domicilio. Para cada canal de venta, es crucial diseñar adecuadamente el proceso de tomar las órdenes de los clientes. Estas órdenes y cada uno de los productos solicitados, son el punto de partida para evaluar nuestro nivel de servicio y nuestra capacidad para satisfacer los requerimientos de nuestros clientes.

Así como nos hemos referido a la confiabilidad de la empresa, es igualmente relevante referirnos a la **agilidad de respuesta**, atendiendo ahora a la pregunta de ¿qué tan rápida es la empresa para atender un requerimiento del cliente? Si retomamos el ejemplo de la empresa de restaurantes o cafeterías, aunque el cliente no especifique en su orden la hora y minuto que desea le sea servido en su mesa, si tiene *expectativas* de cuánto tiempo puede tomar razonablemente recibir su orden, para este caso deberemos de establecer objetivos en tiempos de respuesta y con ello evaluar el desempeño nuestro para cumplirlos.

Otra actividad relevante dentro del servicio al cliente es proporcionarle el **estatus de la orden.** Esto es lograr que nuestro cliente conozca y pueda consultar cómo va su orden (o pedido). Si bien, conocemos de este tipo de soluciones a través de las empresas de comercio electrónico, esto ya no lo ve el mercado como un valor añadido, sino como un mínimo requerido.

Los indicadores más utilizados para evaluar el performance de la empresa en el servicio al cliente son:

- *Fill Rate:* el porcentaje de órdenes entregadas completas en relación con el número total de órdenes.
- *OTIF (On Time In Full):* el porcentaje de órdenes entregadas completas y en tiempo en relación con el número total de órdenes.

La perfección no es alcanzable, pero si perseguimos la perfección podemos alcanzar la excelencia.

Vince Lombardi

El más riguroso de los indicadores para evaluar el desempeño del servicio al cliente es la **Orden Perfecta**, esto implica cumplir con:

- La cantidad correcta
- Del producto correcto
- En el tiempo correcto
- En la condición correcta

- Al cliente correcto
- Con la documentación correcta

En todos los casos, la **buena práctica** es evaluar cada producto de cada orden individualmente. Si un producto no cumple con el nivel de servicio acordado, esa orden no se ha cumplido.

La forma de calcularlo es [# de órdenes perfectas / # de órdenes totales] x 100%

La evaluación se realiza en base a la cantidad, fecha y documentación requerida por el cliente; aun cuando hayamos acordado algún cambio total o parcial con éste; cualquier orden surtida distinto a lo requerido se considera incumplida.

Es justamente la rigurosidad de esta evaluación lo que hace destacar a aquellas empresas que son reconocidas por sus clientes en **satisfacer efectivamente** sus requerimientos. El incumplimiento tiene un enorme costo, no solo se pierden clientes, también está el daño reputacional de la empresa y será necesario un nuevo esfuerzo para reponer a ese cliente; mientras que un cliente satisfecho, representa una oportunidad de volverle a vender y potencialmente hablará bien de nosotros y hasta nos recomiende.

Planeación de Cadena de Suministro

Yo creo que vamos bien.

Director general

La gran orquesta. Esta simple pero poderosa analogía nos permite distinguir con claridad cómo debe operar una empresa en una armonía perfecta, dirigida por el líder, que con su batuta marca el ritmo y sincronía de cada uno de sus elementos.

La planeación de la cadena de suministro es el proceso de **orquestar** la empresa integralmente, lo cual es **esencial** para cualquier empresa que desee operar de manera eficiente y efectiva. Este proceso implica la coordinación de **todas las actividades** necesarias para entregar un producto o servicio al cliente final, desde la compra de materias primas hasta la entrega del producto final.

Este proceso clave consiste en planear el flujo de **materiales, información y dinero** desde el proveedor hasta el cliente final, buscando satisfacer la demanda y optimizar los recursos. La planeación de la cadena de suministro incluye varios componentes, como la planeación de ventas y operaciones (S&OP), la planeación de la demanda, la gestión del inventario, la gestión de los almacenes, la planeación de la distribución y el monitoreo del desempeño. Es decir, **integra** todos estos componentes para que estén **correctamente alineados y orquestados con la estrategia y la visión** de la empresa, respondiendo así a las necesidades y tendencias del mercado satisfactoriamente.

Decidimos abordar el concepto de cadena de suministro después de proporcionar un contexto sobre sus componentes clave, que previamente discutimos. La relevancia de este término radica en su capacidad para **alinear** de manera efectiva los procesos con la estrategia, los objetivos y la visión de la empresa, al igual que el proceso de planeación de ventas y operaciones. Una cadena de suministro bien planeada y gestionada permite optimizar la fluidez de los productos o servicios desde su origen hasta el consumidor final, asegurando una coordinación eficiente entre los diferentes eslabones y maximizando el valor para todas las partes involucradas.

Para las empresas **manufactureras**, la planeación de la cadena de suministro implica asegurarse de que se tenga suficiente materia prima disponible para producir el producto y que los tiempos de producción sean apropiados para cumplir con los plazos de entrega al cliente.

Para el sector **minorista**, la planeación de la cadena de suministro se enfoca en asegurar que los productos estén disponibles en las tiendas en el momento adecuado para satisfacer la demanda del cliente. Esto implica coordinar la entrega de productos desde el fabricante o proveedor hasta la tienda y asegurar que haya suficiente cantidad de productos disponibles para la venta.

Para las empresas **de transporte y logística**, la planeación de la cadena de suministro implica coordinar la entrega de productos a través de una red de transporte y logística. Esto implica asegurarse de que haya suficientes vehículos disponibles para cumplir con los plazos de entrega y que los productos estén entregados en el **lugar** correcto y en el **momento** adecuado.

Para las empresas de **alimentos y bebidas**, la gestión de la cadena de suministro se enfoca en asegurar que los productos sean entregados **frescos y en buen estado**. Esto implica coordinar la entrega de los productos desde el productor hasta el punto de venta y asegurarse de que se cumplan las normas de seguridad y calidad alimentaria.

Diseño de Cadena de Suministro

Me ofrecen un terreno barato, ahí vamos a poner la nueva planta.

Dueño de empresa

Veamos la cadena de suministro no como un flujo lineal, sino como una **red** que conecta proveedores, puntos de la empresa (plantas de manufactura y/o centros de distribución) y puntos comerciales (tiendas físicas o virtuales) con los clientes.

Ahora veamos esa red con perspectiva. Disponemos de la información de nuestros proveedores (capacidades, productos que nos abastecen, sus ubicaciones, tiempos de respuesta y costos, entre otros); disponemos de información de nuestros clientes (productos que nos compran, precios que pagan, conocemos la demanda actual y futura), también disponemos de la información de los costos logísticos y de transporte a lo largo de nuestra cadena de suministro. Conocemos de extremo a extremo nuestro negocio y de cada nodo sus datos son conocidos.

Entonces la estrategia para maximizar el valor del negocio radica en el diseño de la cadena de suministro, esto es, en determinar cómo operar de extremo a extremo, al costo óptimo, para satisfacer adecuadamente la demanda de nuestros clientes. Esto incluye determinar cuántos centros de abastecimiento tendremos, en dónde y de qué capacidades. Determinar también cómo conviene, óptimamente, transportar nuestros insumos desde los proveedores a nuestras instalaciones y, de igual manera, nuestros productos desde nuestras instalaciones hasta nuestros clientes. Determinar, en capacidades de producción, dónde manufacturar qué productos y determinar cuáles de ellos serán manufacturados por un tercero (maquilar).

Es frecuente encontrarse con empresas que no toman este tipo de decisiones y simplemente van operando de manera reactiva, sin considerar el diseño de su cadena de suministro. Esta falta de **enfoque estratégico** nos arrastra a tener una infraestructura, flujos y movimientos ineficientes, que restan valor y rentabilidad al negocio, sacrificando una parte significativa del margen.

En el caso de las empresas **manufactureras,** el diseño de cadena de suministro permite tomar decisiones como ampliar una línea de producción, maximizando la utilización de la capacidad instalada, o habilitar una nueva planta, así como decidir el lugar y tamaño de las nuevas instalaciones para atender la demanda de los clientes.

En el caso de las empresas **minoristas**, a través del diseño de cadena de suministro podemos decidir de qué tamaño serán el o los centros de distribución, su ubicación, decidir qué productos pasarán a través de estas instalaciones, evaluar y decidir si conviene rentar un espacio o decidir si subcontratamos a un tercero que se encargue de la gestión del almacén y las entregas para enfocarse en la ejecución de la estrategia comercial. También ayuda a identificar el punto óptimo donde ubicar una nueva tienda en relación con la situación de sus clientes o el mercado que atiende.

En las empresas de **transporte y logística**, el diseño de cadena de suministro nos permite determinar el tamaño de la flota, la localización de las bases operativas, diseñar el tipo de unidades y decidir las dimensiones de las áreas de almacén para responder eficientemente a las demandas de los clientes.

Las empresas de **alimentos y bebidas**, a través del diseño de cadena de suministro pueden decidir cuál es la estrategia logística para entregar en el menor tiempo posible sus productos, garantizando la frescura a sus clientes y optimizando los costos.

En lugar de dejarse llevar por la inercia y las circunstancias de manera reactiva, habilitando instalaciones e incurriendo en flujos ineficientes de productos, lo que reduce el margen de utilidad del negocio, el diseño de la cadena de suministro es una **buena práctica** que permite a las empresas tomar **decisiones estratégicas** y operar a costos óptimos de extremo a extremo del negocio, satisfaciendo la demanda de los clientes.

Prácticas de Cadena de Suministro

Una forma gráfica de poder conectar los conceptos hasta el momento abordados sería la siguiente:

Hemos colocado en la parte central superior los dos principales conceptos: la Planeación de Ventas y Operaciones y la Planeación de la Cadena de Suministro.

Es importante destacar que no se trata de una relación lineal o de interacciones secuenciales entre los distintos elementos, sino todo lo contrario, existe una total **interdependencia** entre todos y cada uno de ellos y su ejecución se lleva a cabo de forma simultánea, se orquestan.

Además, destacamos en la parte superior, en cada extremo, dos prácticas altamente relevantes: la gestión del cambio y la gestión de proyectos, las cuales son metodologías complementarias.

La gestión de la cadena de suministro puede presentar desafíos significativos para las **pequeñas y medianas empresas**, especialmente si carecen de procesos claramente definidos. Sin embargo, es un aspecto crucial para su **crecimiento y éxito a largo plazo**. La implementación de una correcta y oportuna estrategia en la gestión de la cadena de suministro trae numerosos beneficios, que les permitirá optimizar sus operaciones, mejorar la eficiencia, reducir los costos y aumentar la satisfacción del cliente.

Uno de los principales desafíos que enfrentan estas empresas es la falta de **visibilidad y control** sobre su cadena de suministro. La ausencia de procesos claros puede resultar en problemas como la falta de coordinación entre las diferentes etapas del proceso de suministro, dificultades para gestionar el inventario y dificultades para cumplir con los plazos de entrega. Estos desafíos pueden afectar negativamente la calidad del servicio al cliente y representar enormes costos de ineficiencia y falta de liquidez, limitando el crecimiento de la empresa.

Por ello, es fundamental que las PYMES establezcan procesos claros y bien definidos. Esto implica identificar y comprender los diferentes aspectos de la cadena, desde la adquisición de materias primas hasta la entrega final al cliente, con una visión integral de inicio a fin de todas y cada una de las etapas de su cadena de valor.

La implementación de *software* de gestión de la cadena de suministro y otras soluciones tecnológicas puede ayudar a automatizar y agilizar los procesos, mejorar la **visibilidad** de la cadena y facilitar la toma de decisiones informadas. Estas herramientas permiten detectar posibles fallas o retrasos en los procesos y ejecutar acciones preventivas para evitar impactos negativos en cualquier tramo de la operación y el servicio al cliente. No se trata de tener un ejército de gente vigilando monitores constantemente, por el contrario, se trata de **gestionar por excepción**. Un error común es asignar un equipo de personas que pasan su tiempo revisando diferentes plataformas en busca de problemas. Esto no solo desperdicia recursos, sino que también subutiliza las soluciones tecnológicas disponibles.

El enfoque correcto es aprovechar las soluciones tecnológicas, configurando **alertas** que indiquen situaciones **fuera de rango,** que requieran atención y que estas las reciban las personas que están facultadas para tomar decisiones. Al hacerlo, se optimizan los recursos, se ejecuta con agilidad y se evitan problemas que podrían afectar negativamente la operación y el servicio al cliente.

La gestión de la cadena de suministro es un **proceso integral que abarca todas las áreas de la empresa, desde la adquisición de materias primas hasta la entrega al cliente final.**

Implementar una estrategia de gestión de cadena de suministro es crucial para el éxito y crecimiento a largo plazo de las PYMES. Establecer **procesos claros** y utilizar herramientas tecnológicas adecuadas es imprescindible para superar estos desafíos y lograr una operación integralmente eficiente y efectiva; es un camino seguro para mejorar su competitividad, maximizar la satisfacción del cliente y garantizar un crecimiento sostenible.

CAPÍTULO 5°

GESTIÓN DEL CAMBIO

Gestión del cambio

Independientemente de lo valiosa que pueda ser la solución que hayamos integrado a través de las **buenas prácticas** de la industria, que hayamos diseñado procesos eficientes y hayamos elegido las plataformas tecnológicas y el *software* más adecuados para la estrategia y los objetivos de cada empresa; nada de esto agregará valor ni se verá reflejado en la efectividad de los resultados si no se acompaña de una **gestión del cambio** efectiva, lo que significa preparar y capacitar a su personal para adaptarse a estos cambios.

Cuando se introducen modificaciones al sistema de trabajo, es natural que las personas experimentemos resistencia o incluso temor al cambio. Nos podemos sentir incómodos con la simple idea de abandonar los métodos de trabajo que hemos tenido o nos preocupamos por si seremos capaces de adaptarnos. Es en este punto donde radica el valor de la gestión del cambio.

La gestión del cambio implica abordar las preocupaciones y resistencias de los colaboradores, proporcionarles el apoyo necesario y brindarles la capacitación adecuada para que se sientan cómodos y competentes con la nueva solución. Esto implica comunicar de manera clara y efectiva los beneficios y objetivos del cambio, así como involucrar a los empleados en el proceso de toma de decisiones y escuchar sus opiniones e inquietudes.

Una gestión de cambios efectiva es crucial para que las organizaciones se adapten a nuevos desafíos y se mantengan vigentes en un entorno altamente competitivo y en constante evolución. Estos son algunos de los puntos relevantes para implementar una efectiva gestión del cambio:

1. **Identificar la necesidad de cambio.** El primer paso en la gestión de cambio es identificar la razón detrás del mismo y definir claramente los beneficios que se persiguen a través de aquello que queremos hacer diferente.

2. **Analizar el impacto del cambio.** Esto implica dimensionar los beneficios y posibles desventajas del cambio propuesto, identificar a los **interesados** que se verán involucrados o a aquellos a quienes llegará el cambio.

3. **Desarrollar un plan de implementación.** En base al análisis del impacto del cambio, se desarrolla un plan de implementación. Este plan debe describir los pasos específicos necesarios para implementar el cambio, teniendo claras las actividades y secuencia en las que se ejecutarán a lo largo del tiempo, los roles y responsabilidades de las personas involucradas y los recursos necesarios (tecnológicos y económicos).

4. **Comunicar el cambio a los interesados.** Los interesados deben ser informados sobre las razones del cambio,

los beneficios que traerá y cómo se implementará. La comunicación debe adaptarse al perfil, lenguaje y horarios de los interesados, apoyándose en diferentes recursos, como charlas, videos o mensajes vía telefónica, en definitiva, en todos los medios que sean adecuados para ellos.

5. **Capacitar a los colaboradores en los nuevos procesos y/o sistemas**. Para que el cambio sea exitoso, es necesario capacitar a los colaboradores en los nuevos procesos y/o sistemas que se implementarán. Hay que habilitarlos, proveerles del conocimiento, entrenamiento y acompañamiento necesarios para que se sientan confortables y con el dominio imprescindible de la nueva forma de hacer las cosas.

6. **Monitorear y evaluar la efectividad del cambio**. Una vez que se ha implementado el cambio es importante monitorear y evaluar su efectividad. Esto implica medir el impacto del cambio en la organización, evaluar si se han logrado sus objetivos e identificar áreas para mejorar.

Estos sencillos pasos permiten que cualquier empresa implemente cambios exitosamente y consiga **la efectividad en los resultados**.

CAPÍTULO 6°

DESAFÍOS Y ESTRATEGIAS PARA LA IMPLEMENTACIÓN DEL SISTEMA DE PLANEACIÓN DE VENTAS Y OPERACIONES EN LA PYMES

Reflexiones sobre la planeación de ventas y operaciones en las PYMES

Como hemos visto antes, la planeación de ventas y operaciones (S&OP) es esencial para el éxito de cualquier empresa, pero es especialmente importante para las pequeñas y medianas, como lo es en las empresas familiares que buscan crecer y competir en un entorno cada vez más exigente y demandante. En este capítulo, discutiremos algunas reflexiones sobre el contexto actual y de los desafíos sobre la planeación de ventas y operaciones en las PYMES.

En primer lugar, es crucial reconocer el impacto transformador que tiene la tecnología de información en la forma en que las empresas llevan a cabo sus procesos, entre estos la planeación de ventas y operaciones. Las herramientas digitales, como los sistemas de gestión de la cadena de suministro (*SCMS*) y los programas de planeación de recursos empresariales (*ERP*), están revolucionando la forma en que las empresas, especialmente las pequeñas y medianas, pueden automatizar y optimizar sus procesos. Y al referirnos a **automatizar** no hablamos de reemplazar personas por robots que ejecuten cierta actividad física o mecánica, sino de aprovechar la tecnología de la información para sustituir tareas y controles en papel por soluciones digitales.

Hoy en día existen diversas opciones tecnológicas disponibles, desde programas y soluciones computacionales hasta aplicaciones móviles (Apps), diseñadas para satisfacer las necesidades específicas de cada industria y proceso. A diferencia del pasado, hoy las empresas pueden acceder a estas soluciones a través de modelos de *Software* Como Servicio (*SAAS: Software As A Service*), lo que les permite utilizar soluciones líderes mediante el pago de una renta mensual, en lugar de incurrir en grandes inversiones en servidores, licencias e infraestructura de redes o complicarse la vida teniendo un equipo de programadores de *software* en la nómina para que desarrollen los programas informáticos.

Además, la evolución hacia los servicios basados en la nube (a través de internet) ha simplificado el acceso a tecnologías avanzadas, permitiendo a las PYMES la capacidad de competir en igualdad de condiciones con sus contrapartes más grandes. Ya no es necesario incurrir en cuantiosos desembolsos de capital para implementar soluciones tecnológicas de vanguardia y que den soporte a las **buenas prácticas** en cada proceso. En cambio, hoy las PYMES pueden aprovechar la flexibilidad y escalabilidad de los servicios en la nube pagando solo por lo que utilizan y adaptando las soluciones a medida que crecen y se desarrollan.

La facturación 4.0, el nuevo esquema de emisión de comprobantes fiscales digitales por internet (CFDI), que entró en vigor en México a partir del año 2022, establece que se deben compartir datos como el tipo de operación, el método de pago, el uso del CFDI y el régimen fiscal, para dar mayor control y transparencia a las operaciones comerciales de los contribuyentes. Por lo tanto, contar con un *software* de control de inventarios que se adapte a la facturación 4.0 se vuelve una necesidad de competitividad para las empresas que quieran cumplir con sus obligaciones fiscales y optimizar sus procesos internos.

Adicionalmente, en el contexto global posterior a la pandemia COVID-19, el acceso a nuevos mercados y proveedores en todo el mundo se ha acelerado significativamente. Esto ha generado una mayor oferta de productos y servicios a precios más bajos, lo que ha llevado a clientes y consumidores a ser más exigentes en sus demandas. En este escenario, las empresas deben ser capaces de reconocer estas demandas y adaptarse al entorno para mantener su competitividad.

Otro aspecto importante a tener en cuenta es la creciente demanda de los consumidores por productos y servicios personalizados y entregados en plazos cada vez más cortos. Esto significa que las empresas deben ser más flexibles y ágiles en su planeación de ventas y operaciones, lo que puede requerir un mayor aprovechamiento de la tecnología y el desarrollo del talento en sus competencias y especialización.

La adopción de herramientas digitales permite a las PYMES ser más eficientes y reducir costos, las habilita para tomar decisiones mejor y oportunamente informadas. Los datos en tiempo real y los análisis avanzados proporcionados por estas soluciones tecnológicas permiten a las empresas tener una visión integral de sus operaciones, identificar tendencias, detectar oportunidades de mejora e impulsar la efectividad de sus resultados.

El exponencial desarrollo de tecnologías de información no solo ha revolucionado a la planeación de ventas y operaciones, sino que lo ha hecho por igual con todos los procesos, ofreciendo a las empresas la oportunidad de colaborar en línea, automatizar actividades y optimizar recursos, permitiendo tener acceso a soluciones líderes de manera rentable. Las PYMES, ahora, pueden aprovechar las ventajas de la tecnología de la información, poniendo en parejo las reglas del juego con las grandes empresas y potenciando su competitividad en un entorno en constante evolución.

Desafíos específicos para empresas familiares

Las empresas familiares enfrentan desafíos específicos que pueden dificultar la implementación de un sistema de planeación de ventas y operaciones. Estos desafíos pueden variar según el sector en el que opera la empresa, pero algunos de los desafíos más comunes son los siguientes:

1. **Confusión o indefinición de roles y responsabilidades**. En las empresas familiares puede ser difícil establecer claramente quién es responsable de qué áreas de la empresa. Esto puede ser especialmente problemático cuando se trata de planear las ventas y operaciones, ya que cada persona puede tener su propia idea de cómo se debe hacer, se imponen los roles familiares sobre los de la empresa o, para evitar llevar una diferencia de opiniones a la mesa de la casa, se evita una discusión necesaria para alinear la visión comercial del negocio. Una definición clara de los roles y responsabilidades de cada miembro de la familia y del equipo de gestión es imprescindible para una efectiva toma de decisiones.

2. **Resistencia al cambio**. Las empresas familiares a menudo tienen una cultura arraigada que se resiste al cambio, porque así se definió alguna vez, o es un valor entendido. La implementación de un sistema de planeación de ventas y operaciones puede requerir cambios significativos en la forma en que se hacen las cosas, pero, sobre todo, en cómo se toman las decisiones, lo que puede encontrarse con resistencia por parte de algunos miembros de la familia o del equipo de gestión. Es importante comunicar claramente los beneficios del sistema de trabajo y coordinarse con los miembros del equipo para superar cualquier resistencia. Que el líder de la empresa esté al frente del proyecto es una condición de éxito.

3. **Falta de profesionalización, estandarización o institucionalización**. En las empresas familiares, a menudo la gestión y la toma de decisiones no están institucionalizadas o los procesos no están estandarizados, sino que, de momento, solo están en la mente de algunas personas, lo cual puede significar que las personas no cuenten con las habilidades o la experiencia necesarias para implementar un sistema de planeación de ventas y operaciones de manera efectiva. Es importante buscar asesoramiento y consultoría externa para lograr una implementación exitosa.

Las empresas familiares enfrentan desafíos específicos al implementar un sistema de planeación de ventas y operaciones. Es importante abordar estos desafíos de manera proactiva y trabajar en conjunto para asegurar el éxito del sistema de trabajo. Con la ayuda adecuada, las empresas familiares pueden superar estos desafíos y mejorar su capacidad para planear y operar de manera efectiva.

Desafíos específicos para empresas en crecimiento

Las empresas en crecimiento enfrentan desafíos únicos, que pueden poner en peligro su capacidad para mantener el éxito a largo plazo. A medida que las empresas crecen, sus procesos y sistemas deben evolucionar para satisfacer las demandas cambiantes del mercado y mantenerse competitivos y con una oferta de valor ganadora. ¿A qué desafíos comúnmente se enfrentan las empresas en crecimiento y cómo implementar un sistema de planeación de ventas y operaciones puede ayudar a superarlos?

1. **Gestión del inventario**. A medida que las empresas crecen, también lo hace su inventario. La gestión del inventario se vuelve más compleja y los costos asociados con el almacenamiento y la logística aumentan. Sin una gestión adecuada del inventario, las empresas pueden encontrarse con exceso de inventario y/o pérdida de ventas debido a la falta de existencias. Un sistema de planeación de ventas y operaciones puede ayudar a las empresas a optimizar su gestión del inventario, asegurando que tengan suficiente in-

ventario para satisfacer la demanda del mercado sin incurrir en costos innecesarios.

2. **Control de operaciones**. A medida que las empresas crecen, también lo hace la complejidad de sus procesos y sistemas de operación. Esto puede hacer que sea más difícil mantener el control de cada actividad y de cada proceso. Un sistema de planeación de ventas y operaciones puede ayudar a las empresas a mantener el control de cada proceso clave en su operación, permite la toma de decisiones debida y oportunamente informada.

3. **Medir el desempeño del negocio y de los procesos**. Al principio, el fundador fue el solitario que empezó todo, quizá con socios, pero estando a cargo de todo. Conforme lo necesitaba fue incorporando a otros al equipo y, poco a poco, se fue creando esa separación departamental, no siempre acompañada de la debida, sana y formal frontera entre uno y otro que delimite claramente quién es proveedor y cliente interno de quién. Mucho más grave, el fundador traía todo el negocio en la cabeza y así ha continuado. Los indicadores para evaluar el desempeño del negocio y evaluar el desempeño de cada uno de los procesos son pobres y deficientes.

Nos hemos encontrado en innumerables ocasiones algo peor, una medición **inadecuada**. Esto significa que se invierten recursos, humanos y tecnológicos, en generar informes, indicadores, tableros, gráficas u otro contenido que no le aporta valor al negocio, por lo tanto, esto es un desperdicio, una fuente de ineficiencia y, junto con ello, las decisiones no se toman con los datos y la información útil para que sean efectivas y contundentes.

Esto es una barrera que impide dar ese salto al desarrollo y crecimiento del negocio. Lo que se debe medir no se mide, o lo que se mide no se hace de forma correcta y lo más común de todo, confundir entre medir el resultado final o medir los procesos que son el medio para conseguirlo. La práctica recomendable es utilizar los indicadores que apuntan al futuro, no al pasado, y utilizar indicadores que evalúan el desempeño del proceso para lograr el resultado. Más que medir la consecuencia, evaluamos los medios que la determinan.

1. **Gestión de la cadena de suministro**. Al crecer la empresa, también lo hace su cadena de suministro. La gestión de una cadena de suministro más compleja puede ser un desafío, especialmente si los proveedores están ubicados en diferentes regiones geográficas, o se cuenta con varias sucursales, o el catálogo de productos se está ampliando, o se pretende desarrollar una nueva línea de productos o se está por abrir un nuevo canal de venta. Un sistema de planeación de ventas y operaciones puede ayudar a las empresas a gestionar su cadena de suministro, permitiéndoles coordinar de inicio a fin sus operaciones, desde la compra de insumos hasta las entregas a clientes, asegurando la satisfacción de los clientes y, al mismo tiempo, teniendo una operación óptima.

2. **Coordinar y liderar al equipo**. Crece la empresa y también lo hace su personal. La gestión de un equipo de trabajo más grande puede ser un desafío, especialmente si los empleados están ubicados en diferentes regiones geográficas. Un sistema de planeación de ventas y operaciones puede ayudar a las empresas a alinear su estrategia comercial y los esfuerzos del equipo de trabajo, permitiéndoles coordinar las actividades y asegurando que encaminan sus acciones hacia donde la empresa tiene trazada su visión y estrategia.

Las empresas en crecimiento enfrentan desafíos únicos, que pueden poner en peligro su capacidad para mantener el éxito a largo plazo. Sin embargo, contar con un sistema de planeación de ventas y operaciones ayuda a las empresas a superar estos desafíos y asegura su crecimiento y permanencia en el tiempo.

Desafíos específicos para empresas en sucesión generacional

La sucesión generacional es un tema delicado y complejo en cualquier empresa, pero en las empresas familiares resulta aún más complicado. Durante la transición del liderazgo pueden surgir nuevos desafíos que afecten el éxito y continuidad del negocio.

Uno de los principales desafíos es la resistencia al cambio. Los fundadores de una empresa suelen tener una **visión** clara sobre cómo deben hacerse las cosas. Sin embargo, los jóvenes que asumen el control pueden tener ideas diferentes sobre cómo dirigir el negocio. Es importante que ambas partes estén dispuestas a escuchar y a aprender de la otra para lograr una transición exitosa.

Otro desafío es la falta de **experiencia**. Los jóvenes que asumen el control pueden carecer de la experiencia necesaria para dirigir el negocio de manera efectiva. En muchas ocasiones, la nueva generación está mejor preparada académicamente, pero aún no conoce el negocio ni vivió el proceso de crearlo y hacerlo crecer. Para superar este desafío, es recomendable que las nuevas generaciones operen en diferentes áreas del negocio para adquirir experiencia y conocimientos necesarios para estar al frente de la empresa.

La **comunicación** también puede ser un desafío. Durante la transición de poder es importante que la comunicación sea clara y efectiva para evitar malentendidos y confusiones. Junto con ello, la definición de las pautas o momentos en que deben llevarse a cabo las actividades relacionadas con la entrega y recepción del liderazgo. La falta de comunicación puede generar problemas y conflictos que afecten al éxito del negocio.

La **planeación a largo plazo** es otro desafío que enfrentan las empresas en sucesión generacional. Los jóvenes que asumen el control deben tener una visión clara sobre el futuro del negocio y establecer objetivos a largo plazo para lograr el éxito. Usualmente, al cambio de liderazgo lo acompañan cambios en la estrategia. Es necesario que en este momento de transición se establezcan cuidadosamente los cambios en los objetivos y la visión de la empresa, y traducirlos en estrategias claras y concretas.

En otras ocasiones, **la falta de confianza** puede ser un desafío importante durante la transición de poder. Los jóvenes que asumen el control pueden sentirse inseguros acerca de su capacidad para dirigir el negocio de manera efectiva, la presión de estar al frente del patrimonio de la familia y la fuente del sustento puede ser altamente estresante. Para superar este desafío, es importante que los jóvenes reciban el apoyo y la orientación de los antecesores e incluso asesorarse por externos en las áreas donde tengan menor dominio.

Una planeación cuidadosa, una comunicación efectiva y un enfoque en el desarrollo de habilidades y conocimientos, así como una transición de poder estructurada garantizan el éxito y continuidad del negocio.

Estrategias para asegurar la continuidad del modelo de negocio

En el mundo empresarial es fundamental asegurarse de implementar estrategias efectivas que garanticen la continuidad del modelo de negocio, sobre todo en un momento de transición generacional. Algunas recomendaciones son las siguientes:

Quizá el más relevante de los elementos es contar con una adecuada definición de **los objetivos del negocio, la visión y los indicadores de desempeño**. Es importante asegurarse de tener los indicadores correctos, que midan lo que es relevante para la empresa. Estos indicadores deben abarcar diferentes aspectos, como ventas, operaciones, finanzas y recursos humanos, entre otros factores clave de la organización. Al contar con indicadores adecuados se logra **enfocar la atención** en lo verdaderamente relevante. Se deben tener indicadores finales, que son los que **definen** el resultado final.

Una estrategia imprescindible es establecer **procesos claros y definidos** de planeación de ventas y operaciones. Es necesario que los procesos **estén documentados** y que se sigan de manera disciplinada. Además, es importante contar con un sistema de aseguramiento de la calidad en la ejecución de los procesos, que garantice que estos se están llevando a cabo de manera correcta.

Este es un punto clave: con posterioridad a la definición de los procesos debemos diseñar la **estructura organizacional**, que va más allá de dibujar organigramas. Es la definición de los tramos de control, quién se hará cargo de qué, qué roles les reportan a quién, incluso cómo esperamos que a lo largo del tiempo vaya evolucionando, qué roles serán candidatos para ocupar posiciones de mayor responsabilidad, cómo vamos a atraer, formar y desarrollar el talento de la compañía.

Una de las mayores responsabilidades y altísima prioridad del líder es asegurarse de tener a las **personas adecuadas** en los puestos correctos, en el momento correcto. Si bien el líder debe tener en cuenta las **competencias,** habilidades, **conocimientos** y experiencia de cada persona, así como sus fortalezas y áreas de mejora, son igualmente relevantes los **comportamientos y actitudes**, así como su **compatibilidad** con los valores y la cultura organizacional.

En 1919, Henry Ford se encontraba ante los tribunales, se le acusaba de ser un ignorante, pero así respondió a la parte acusadora:

> *Como empresario no debo saber de todo y me conformo con rodearme de personas que complementan excelentemente sus conocimientos para conseguir que mi empresa esté en el puesto en que está.*

> Henry Ford

En la actualidad vivimos en la era del conocimiento. Hoy, el verdadero **liderazgo** ya no demanda ser el individuo con más conocimiento dentro de la empresa, sino ser quien reconoce el valor de rodearse del talento que lo complemente, tanto a él como líder, como al resto de la empresa, incorporando al equipo a aquellos que con sus fortalezas contribuyen a hacer de la organización entera un equipo sólidamente cohesionado y altamente efectivo en sus resultados.

No solo se trata de encontrar el ajuste técnico, sino también de considerar la compatibilidad cultural y los valores compartidos. El líder debe tener en cuenta la dinámica del equipo y cómo las habilidades y personalidades de los individuos se complementan entre sí.

Una manera sencilla de sintetizarlo es a través de las **5 C de gestión de talento:**

1. **Conocimientos**. Es lo que la persona sabe, tanto por formación, educación y entrenamiento como por experiencias.
2. **Competencias**. Es la habilidad de la persona para ejecutar su trabajo. Van desde las técnicas a las sociales (o de relación).
3. **Comportamientos**. Es cómo actúa la persona. Sus actitudes y conductas ante las distintas situaciones que se presentan dentro del entorno laboral.
4. **Complementariedad**. Es el grado en que cada miembro del equipo aporta sus fortalezas para complementar y enriquecer las del resto de la organización.
5. **Compatibilidad cultural**. Es el nivel de afinidad que tiene la persona en los principios y valores de la empresa.

La **implementación de tecnología** es otra estrategia clave para asegurar la continuidad del negocio. Es importante contar con el *software* que permita automatizar los procesos y agilizar la coordinación de acciones entre áreas. Además, la tecnología permite el **acceso a información** en tiempo real y ayuda a **tomar decisiones** debidamente informadas y rápidas.

También es importante **establecer políticas y procedimientos para la toma de decisiones** que brinden un marco claro y consistente para guiar la forma en que se toman decisiones en la empresa. Estas políticas deben definir los criterios, los roles y las responsabilidades de las personas involucradas en la toma de decisiones, así como los procesos a seguir. Esto asegurará que las decisiones se tomen de manera efectiva, considerando los objetivos, la visión y la estrategia de la empresa.

Final e igualmente valioso es establecer que los medios y **foros de gestión** sean transparentes, para garantizar que las decisiones, estrategias e información fluyan adecuadamente entre los diferentes niveles jerárquicos y áreas. Esto facilitará la coordinación de acciones e identificar posibles desafíos o riesgos que puedan afectar a la continuidad del modelo de negocio.

Resumiendo, nos referimos a:

1. Definir la visión, objetivos e indicadores de desempeño.
2. La documentación y estandarización de los procesos.
3. La definición de la estructura organizacional, atracción y desarrollo de talento.
4. Tener el talento adecuado en la posición adecuada, en el momento adecuado.
5. La implementación de tecnología de información para habilitar los procesos.
6. La definición de políticas para la toma de decisiones.
7. Los foros de gestión donde se toman las decisiones.

La continuidad del modelo de negocio es una de las máximas prioridades del líder, independientemente de si es una empresa familiar, se encuentra en proceso de sucesión generacional o en fase de crecimiento. A través de estos puntos es seguro poder lograrlo exitosamente.

CAPÍTULO 7°

CONCLUSIONES

Resumen de los principales puntos

Hasta ahora hemos abordado la relevancia de las PYMES en la economía del país y su impacto en el desarrollo económico y social. También hemos explorado el método de planeación de ventas y operaciones y cómo las empresas se benefician de este conjunto de buenas prácticas.

Exploramos las diferentes etapas del proceso y hemos analizado en detalle los componentes clave de la metodología de planeación de ventas y operaciones.

También te conté cómo mis abuelos aplicaron de manera empírica pero magistral los principios de este sistema de gestión empresarial en los años sesenta.

Descubrimos otras buenas prácticas que utilizan las grandes empresas y de las que comúnmente las PYMES carecen o incluso desconocen; las pusimos en términos sencillos para que, con la agilidad y flexibilidad que tienen las PYMES, las puedan implementar y logren el potencial que tiene cada una para ser competitiva en el mediano y largo plazo.

En este libro también hemos discutido cómo implementar un sistema de planeación de ventas y operaciones en una pequeña y mediana empresa, reconociendo el potencial que tiene para mejorar la eficiencia y la rentabilidad de los negocios.

Vimos cómo podría parecer la implementación un asunto desafiante y de hecho lo es; descubrimos lo poderosa que es la herramienta para hacer crecer y prosperar tu empresa y simplificamos los pasos y los requisitos para conseguir implementarla.

Al final, discutimos cuáles son los desafíos que enfrentan las PYMES, los desafíos particulares como empresa familiar, en crecimiento o en transición generacional y repasamos juntos las estrategias más efectivas para enfrentar exitosamente tales desafíos.

Sin importar las circunstancias, el momento de vida o la situación en la que te encuentres, siempre puedes hacer algo, crecer y mejorar. En nuestro interior se encuentra el potencial y la fuerza necesarios para encarar cualquier desafío. Ni el pasado ni la dirección del viento los podemos alterar, sin embargo, el timón de nuestra propia vida está en nuestras manos, **el futuro lo construimos haciendo.**

No me despido, cierro con esto último.

*No desees que sea más fácil, desea ser mejor. No desees menos problemas, desea más habilidades. No desees menos desafíos, desea más sabiduría. El mayor valor en la vida no es lo que obtienes. **El mayor valor en la vida es en lo que te conviertes.** El éxito no debe perseguirse, es atraído por la persona en la que te conviertes.*

Jim Rohn

#EmpiezaHoy

Glosario de términos clave

A continuación se enumeran algunos términos clave, que es fundamental conocer al implementar un sistema de planeación de ventas y operaciones en tu empresa. Aunque no se abordan todos en este texto, son conceptos básicos que resultan relevantes para tener un conocimiento apropiado en esta materia:

1. **Demanda**. Es la cantidad de productos o servicios que los clientes desean adquirir en un periodo de tiempo determinado.
2. **Pronóstico**. Estimación futura, usualmente basado en datos.
3. **Pronóstico de ventas**. Es una estimación de la demanda futura de los productos o servicios de la empresa. El más sencillo de todos es el promedio de ventas. Estimamos, en base al promedio de periodos previos la venta, los de periodos futuros.
4. **Planeación de la demanda**. Es el proceso mediante el cual se busca, a partir del entendimiento de las necesidades y preferencias de los clientes, así como de las tendencias del mercado, estimar cuáles serán los requerimientos de los clientes.

5. **Planeación de la producción.** Es el proceso mediante el cual se determina cuántos productos y cuándo se deben producir para satisfacer la demanda de los clientes.

6. **Capacidad de producción.** Es la cantidad máxima de productos que la empresa puede producir en un periodo determinado, de acuerdo con los recursos disponibles.

7. **Gestión de la capacidad de producción.** Es el proceso mediante el cual se busca maximizar la utilización de la capacidad de producción de la empresa para satisfacer la demanda de los clientes.

8. **Gestión del cambio.** Lograr una transición efectiva de equipos y organización de un estado actual a uno deseado.

9. **Cadena de suministro.** Es el conjunto de áreas, actividades y procesos que implica la coordinación de todas las actividades necesarias para entregar un producto o servicio al cliente final, desde la compra de materias primas hasta la entrega del producto final.

10. **Inventario.** Es el conjunto de productos o materiales que tiene la empresa en su almacén o bodega para satisfacer la demanda de los clientes o para su uso o consumo interno.

11. **Tiempo de respuesta *(Lead time).*** Es el tiempo que transcurre desde que se realiza un pedido hasta que es entregado al cliente. Esto aplica tanto si nosotros somos el cliente como el proveedor.

12. **Punto de reorden.** Es el nivel mínimo de inventario que la empresa debe mantener para evitar quedarse sin productos.

13. **SKU.** Producto o material a mantener en inventario *(Stock Keeping Unit).*

14. **SKU-L.** Producto o material a mantener en inventario en una localidad concreta *(Stock Keeping Unit - Location).*

15. **S&OP** *(Sales & Operations Planning).* Planeación de Ventas y Operaciones es un conjunto de procesos que

permite equilibrar la oferta y la demanda de productos y servicios en una empresa.

16. **Categoría**. Una clasificación y agrupación de productos por atributos y relevancia.

17. **Canal de venta**. El medio o la plataforma a través de la cual atendemos a los clientes. Por ejemplo, tiendas físicas o tiendas en línea.

18. **Segmento de clientes**. Es una clasificación de los clientes en grupos o clasificaciones homogéneas, con características y necesidades similares.

19. **TMS** *(Transportation Management System)*. Son los *softwares* o plataformas tecnológicas diseñadas para ayudar a las empresas a gestionar y optimizar sus operaciones de transporte.

20. **WMS** *(Warehouse Management System)*. Es un sistema de gestión de almacenes que utiliza tecnología y *software* para administrar de manera eficiente las operaciones en un almacén o centro de distribución.

21. **ERP** *(Enterprise Resource Planning)*. Es un sistema de información que integra en una sola plataforma procesos, datos e información de diferentes áreas, como contabilidad, ventas, finanzas, tesorería, recursos humanos, almacenes, compras o producción, entre otros.

22. **KPI** (Indicador Clave del Desempeño, *Key Performance Indicator*).

23. **SCOR** *(Supply Chain Operations Reference)*. Es un modelo reconocido internacionalmente, que define los procesos y las métricas clave para gestionar eficientemente la cadena de suministro.

Estos son solo algunos de los términos clave que es importante conocer al implementar un sistema de planeación de ventas y operaciones en tu empresa.

Recursos adicionales

En este apartado encontrarás recursos adicionales que te ayudarán a implementar un sistema de planeación de ventas y operaciones (S&OP) en tu empresa. Estos recursos están diseñados para complementar la información que se presenta en este libro y te permitirán profundizar en temas específicos.

Libros y recursos en línea

Además de este libro, existen diversas publicaciones y recursos en línea que pueden ayudarte a profundizar en el tema de S&OP y mejorar tus habilidades de planeación. Algunos de los libros recomendados son:

- *Sales and Operations Planning: The How-To Handbook*, de Tom Wallace y Bob Stahl.
- *Sales & Operations Planning - Best Practices: Lessons Learned*, de John Dougherty.
- *Definitive Guide to Order Fulfillment and Customer Service, The Principles and Strategies for Planning, Organizing, and Managing Fulfillment and Service Operations*. De Cscmp, Stanley Fawcett y Amydee Fawcett.

Instituciones

También existen instituciones especializadas con cursos en línea o presenciales que pueden ayudarte a mejorar tus habilidades en estas prácticas. Algunas de las instituciones más reconocidas a nivel mundial son:

- ASCM - https://www.ascm.org/
- APICS México - https://www.apics.org.mx

Universidades

Además, contamos con reconocidas universidades que generan y difunden contenido y conocimiento al respecto. Algunos ejemplos son:

- MIT Center for Transportation & Logistics - https://ctl.mit.edu/
- Escuela de Negocios de Harvard - https://www.hbs.edu/faculty/Pages/default.aspx
- Supply Chain Resource Cooperative, North Carolina State University - https://scm.ncsu.edu/

Herramientas de software

Existen diversas herramientas de *software* que pueden ayudarte a implementar un sistema de S&OP en tu empresa. Estas herramientas te permiten integrar la información de diferentes áreas de la empresa, como ventas, finanzas, producción y logística, y te ayudan a visualizar la información de manera integral en línea y a colaborar en tiempo real.

La oferta de soluciones es amplia, lo importante es identificar aquella que resuelve de mejor manera las necesidades específicas de tu empresa. Para ello, una evaluación paramétrica y referencias comerciales son altamente recomendables. Ya en un apartado del libro nos referimos a algunas buenas prácticas para su selección.

Consultores y expertos en S&OP y Cadena de Suministro

Si bien es posible implementar un sistema de S&OP por tu cuenta, nuestra recomendación es contratar a consultores y expertos en el tema para que te ayuden en el proceso. Estos profesionales deben tener probada experiencia en la implementación de sistemas de S&OP y Cadena de Suministro y contar con la capacidad de brindarte asesoramiento y apoyo a lo largo del proceso.

Implementar un sistema de S&OP en tu empresa llega a ser un proceso complejo y algunas veces un esfuerzo fallido, sin embargo, con los recursos presentados en este libro y el acompañamiento adecuado, podrás asegurarte conseguir una implementación exitosa y la efectividad en tus resultados. La planeación de ventas y operaciones es fundamental para el desarrollo de cualquier empresa.

Bibliografía

A continuación se presentan algunas de las obras y publicaciones que se han utilizado como base para la creación de este libro:

—ASCM. (2023). *SCOR Digital Standard.* https://scor.ascm.org/processes/introduction

—ASCM. (2023). *SCOR Transformation Speeds Up Pharmaceutical Project Timelines for Roche.* https://www.ascm.org/corporate-transformation/case-studies/roche-case-study/

—Jain, C. L., & Malehorn. *Practical Guide to Business Forecasting.* J. (2010). John Wiley & Sons, Inc.

—Mabert, V. A. (2012). *Excess and Obsolete Inventory: An Outcome of a Series of Unfortunate Events. Supply Chain Management Center of NC State University.* https://scm.ncsu.edu/scm-articles/article/excess-and-obsolete-inventory-an-outcome-of-a-series-of-unfortunate-events

—Oliva, Rogelio, and Noel Watson. *Cross-Functional Alignment in Supply Chain Planning: A Case Study of Sales and Operations Planning.* Harvard Business School Working Paper, No.

07-001, July 2006. (Revised October 2006, July 2008, February 2009.)

—Wallace, T. F., Stahl, J. E., & Vitasek, K. (2012). *Sales and operations planning: The how-to handbook* (3ª edición). J. Ross Publishing.

Agradecimientos finales

¡Gracias a todos quienes me honraron con leer el manuscrito o algunas de sus versiones! ¡Gracias a todos y cada uno de los que, con sus palabras, contribuyeron a hacer realidad este libro!

¡Gracias a quienes, al leer este libro y encontrar valor en él, me hacen saber que vale la pena!

Estoy seguro de que les será de utilidad.

Índice

Introducción

Capítulo 1. Planeación de ventas y operaciones por sector

Capítulo 2. Etapas del proceso
de planeación de ventas y operaciones

Capítulo 3. Componentes clave en el proceso
de el planeación de ventas y operaciones

Capítulo 4. Prácticas de Cadena de Suministro

Capítulo 5. Gestión del cambio

Capítulo 6. Desafíos y estrategias para la implementación del sistema de planeación de ventas y operaciones en las PYMES

Capítulo 7. Conclusiones